# Die Kreta-Diät

Prof. Dr. med. Robert Gasser

# Die Kreta-Diät

## Mediterrane Ernährung für ein gesundes Herz

Rezepte von Johann Lafer

4

# INHALT

## MEDITERRANER GENUSS FÜR EIN GESUNDES HERZ

Mehr als die Hälfte aller Todesfälle in Deutschland entsteht durch Herz-Kreislauf-Erkrankungen, während nur ein Fünftel durch Krebserkrankungen zustande kommt. In Deutschland gibt es derzeit etwa 500.000 koronarkranke Patienten, wovon jährlich 80.000 Menschen an einem Herzinfarkt sterben. Die große Zahl der herzkranken Patienten und die vielen Herztode, die wir jährlich verzeichnen, waren der Anlaß, ein Buch zu verfassen, das in einfacher, klarer Sprache die wesentlichen wissenschaftlichen Erkenntnisse über eine das Herz schützende Ernährungsweise zusammenfaßt.

In diesem Zusammenhang ist als die bedeutendste Entdeckung der letzten Jahre die „Kreta-Diät" zu nennen, eine Ernährungsform, bei der die Zusammensetzung des gewohnten Speiseplans nur geringfügig verändert werden muß. Diese Ernährungsweise – die übrigens im gesamten Mittelmeerraum üblich ist – ermöglicht es, bei schwer herzkranken Patienten die Infarktsterblichkeit und die -häufigkeit um über 70 % (!) zu senken. Im Vergleich dazu konnten Medikamente höchstens eine Senkung um 20 % bis 30 % bewirken, und mit einer cholesterinarmen Diät konnte die Sterblichkeit praktisch überhaupt nicht verringert werden.

Die Kreta-Diät ist keine Diät im herkömmlichen Sinn, sondern eine hervorragende Küche, die es versteht, geschickt einzelne Bestandteile vermehrt, andere verringert einzusetzen und diese zu einem besonderen kulinarischen Genuß verschmelzen zu lassen. Zentraler Punkt der Kreta-Diät ist die Verwendung von Oliven- bzw. Rapsöl und reiner Pflanzenmargarine auf der Basis von Rapsöl anstelle herkömmlicher Öle, Butter und Sahne. Ebenso spielen frisches Obst und Gemüse sowie Seefisch eine herausragende Rolle. Sogar der tägliche Genuß von Wein ist – in Maßen – erwünscht.

Für dieses Buch haben wir, ein Herzspezialist und ein Meisterkoch, uns zusammengetan und die vorliegenden Rezepte erarbeitet. Dem Ergebnis zugrundegelegt sind einerseits die große Erfahrung im Bereich der internationalen Grande Cuisine und andererseits die Kenntnisse aus Wissenschaft und Forschung sowie ärztlicher Behandlung und Betreuung, insbesondere im Umgang mit dem Patienten als Mensch, seinen Ängsten und Lebensgewohnheiten und seiner Bereitschaft, den der Gesundheit nicht förderlichen Lebensstil zu ändern.

Unser gemeinsamer Wunsch, 70 % der jährlich 80.000 Koronartode in Deutschland zu verhindern, wird nicht in Erfüllung gehen. Dennoch, wenn es uns durch dieses Werk gelingt, auch nur einen Herztod tatsächlich zu vermeiden, ist unsere Mühe nicht umsonst gewesen. Machen Sie mit, und lernen Sie die Kreta-Diät als Quelle für ein gesundes Herz zu nutzen.

**Prof. Dr. med. Dr. phil. Robert Gasser**

- Promoviert zum Dr. med. an der Universität Innsbruck und zum Dr. phil. im Fach Physiologie an der Universität Oxford
- Mehrjährige wissenschaftliche Tätigkeit an den Universitäten Stanford, Oxford, Freiburg i.Br., Innsbruck
- Facharzt für Innere Medizin und Kardiologie
- Habilitation an der Medizinischen Universitätsklinik Graz 1993
- Hauptforschungsgebiete: Durchblutungs- und Stoffwechselstörungen des Herzens
- Derzeit Universitätsprofessor an der Kardiologischen Abteilung der Medizinischen Universitätsklinik Graz
- Veröffentlichungen: über 300 wissenschaftliche Arbeiten auf dem Gebiet der Herzkreislaufforschung in internationalen Fachzeitschriften, 3 Bücher
- Mehrere nationale und internationale Forschungspreise, Begründer und Gutachter mehrerer Internationaler Fachzeitschriften
- Derzeit (1998) Mitglied im wissenschaftlichen Beirat bzw. Gutachter bei folgenden Gremien: Weltkongreß für Kardiologie, Rio de Janeiro; Weltkongreß für Angiologie, Lissabon; Weltkongreß für Herzerkrankungen, Washington; Weltkongreß für Herzinsuffizienz, Genf; Europäischer Herzkongreß, Wien; Frühjahrstagung der Deutschen Gesellschaft für Kardiologie, Mannheim

**Johann Lafer**

- Geboren 1957 in Graz, Österreich
- 1973–1976: Ausbildung zum Koch im Restaurant „Gösser-Bräu" in Graz
- 1977–1978: „Hotel Schweizer Hof" in Berlin
- 1979: Restaurant „Le Canard" (Josef Viehauser) in Hamburg
- 1980–1981: Patissier in den „Schweizer-Stuben", Wertheim; Auszeichnung als „Bester deutscher Patissier"
- 1981–1982: Chef-Patissier im Witzigmann-Restaurant „Aubergine" in München
- 1982–1983: Mitarbeit bei Gaston Lenôtre in Paris
- Ab Mai 1983: Küchenchef im Restaurant „Le Val d'Or" in Guldental
- 1987: Küchenmeisterprüfung mit Auszeichnung; das „Le Val d'Or" erhält 2 Sterne im Guide Michelin
- Seit 1988 Besitzer des Restaurants „Le Val d'Or"
- 1994 Eröffnung von „Johann Lafers Stromburg" in Stromberg mit dem Restaurant „Le Val d'Or", dem Gasthaus „Turmstube" und dem „Stromburg-Hotel"
- 1996: Eröffnung von „Johann Lafers Table d'Or" (Forum für Kochkultur und Lebensart) in Guldental
- 1997: Auszeichnung vom Gault Millau zum „Koch des Jahres 1997"
- Zahlreiche Fernsehsendungen: „Johann Lafers frische Küche – Genießen auf gut deutsch" (ZDF/3SAT), „Der fröhliche Weinberg" (SWF), „Johann Lafer kocht" (ARD, Südwestschiene)
- Fernsehkoch Nr. 1 der Nation
- Zahlreiche Veröffentlichungen von Kochbüchern

## BESTANDTEILE UNSERER ERNÄHRUNG

Welche Ernährungsweise auch immer man wählt, sie sollte stets in einem ausgewogenen Verhältnis aus folgenden Bestandteilen zusammengesetzt sein: aus Eiweiß, Fett und Kohlenhydraten als Hauptnährstoffen sowie aus Vitaminen, Mineralstoffen und Spurenelementen.

### EIWEISS

Jede Körperzelle enthält Proteine, die wiederum aus Aminosäuren zusammengesetzt sind. Die Aufnahme von Eiweiß mit der Nahrung ist unumgänglich und notwendig für Körperwachstum, Immunsystem, Zellerneuerung, für die Funktion der einzelnen Organe, die Blutbildung usw.

Die Hauptproteinlieferanten in unserer Ernährung sind Fleisch, Geflügel und Fisch, Eier, Milch und Milchprodukte sowie Hülsenfrüchte und Getreideprodukte, wie Reis, Nudeln und Mehl.

### FETT

Diesem Nährstoff ist ein eigenes Kapitel gewidmet, da Fett und fetthaltige Nahrungsmittel in der Prävention von Herz-Kreislauf-Erkrankungen eine zentrale Rolle spielen. Sie können im Kapitel „Die Rolle des Fettes für die Gesundheit" (ab Seite 10) alles Wichtige über Fett in der Ernährung nachlesen.

### KOHLENHYDRATE

Im Körper werden die Kohlenhydrate aus der Nahrung zur Energiegewinnung benötigt, sozusagen als Brennstoff. Kohlenhydrate finden sich in Form von Stärke bzw. Zucker beispielsweise in Getreideprodukten, wie Reis, Nudeln und Mehl, in Kartoffeln und Hülsenfrüchten sowie in Honig und Marmelade.

Viele kohlenhydrathaltige Nahrungsmittel enthalten gleichzeitig Ballaststoffe, die von den Enzymen (Verdauungssäften) unseres Körpers nicht aufgespalten werden können. Sie verlassen den Körper unverdaut, sind aber für eine gesunde Ernährung keinesfalls überflüssig. Ballaststoffe gewährleisten unter anderem eine langanhaltende Sättigung und eine geregelte Verdauung. Reich an Ballaststoffen sind Vollgetreideprodukte, Gemüse, Obst und Hülsenfrüchte.

### MINERALSTOFFE, SPURENELEMENTE UND VITAMINE

Aus der Vielzahl der Mineralstoffe und Spurenelemente werden Ihnen hier solche vorgestellt, die für die Funktion des Herzens eine wichtige Rolle spielen.

**Natrium** macht den Hauptbestandteil des Kochsalzes aus. Dieser Mineralstoff wird vom Körper für eine Vielzahl von elektrischen und biochemischen Prozessen im Körper gebraucht. Natriumreiche Nahrungsmittel sind beispielsweise Fleisch- und Wurstwaren, Käse, aber auch Milch und Milchprodukte.

Ein zu hoher Salzkonsum kann zu einem erhöhten Blutdruck führen, der wiederum einen Risikofaktor für Herz-Kreislauf-Erkrankungen darstellt. In diesem Falle wirkt sich eine salzarme Diät günstig auf den Blutdruck aus.

**Kalium** wird ebenso wie Natrium für die elektrische Aktivität des Herzens und zahlreiche biochemische Prozesse, insbesondere auch im Darm, benötigt. Kalium ist in frischem Obst, insbesondere in Bananen, in Nüssen und Trockenfrüchten enthalten.

Zu wenig, aber auch zuviel Kalium führt zu Herzrhythmusstörungen und kann sogar einen plötzlichen Herztod verursachen.

**Kalzium** ist ein wesentlicher Bestandteil in den Knochen und Zähnen. Es spielt eine bedeutende Rolle für die normale Funktion von Nerven und Muskeln sowie für die Kontraktionskraft des Herzens. Wichtige Kalziumlieferanten sind Milch und Milchprodukte sowie Käse.

**Magnesium** spielt ebenfalls eine Rolle bei der elektrischen Aktivität des Herzens. Weiter nimmt Magnesium an über 300 biochemischen Reaktionen in den Körperzellen teil. Magnesiumreich sind Vollgetreide, Trockenfrüchte und frisches Obst und Gemüse sowie Fleisch, Fisch und Geflügel.

**Vitamin C** (Ascorbinsäure), ein wasserlösliches Vitamin, unterstützt die Immunabwehr und beschleunigt darüber hinaus Heilungsprozesse. Vitamin C gehört zu den sogenannten Antioxidantien, welche insbesondere die Gefäßwand schützen. Besonders reich an Vitamin C sind Zitrusfrüchte, Kiwis, Erdbeeren, Papayafrüchte sowie Tomaten und rote Paprika.

**Vitamin E** (Tocopherol) ist erst in den letzten Jahren als bedeutendes Antioxidans bekannt geworden. Durch seine spezifische Schutzwirkung gegen Oxidationsprozesse in den Geweben ist es einer der wichtigsten Faktoren für eine Ernährungsweise, die das Herz-Kreislauf-System schützt. Vor allem pflanzliche Öle, wie Oliven- und Rapsöl, sind reich an Vitamin E.

Die Richtlinien der Kreta-Diät berücksichtigen diese wichtigen Bestandteile der Ernährung. Deshalb werden bevorzugt solche Nahrungsmittel verwendet, die reich an den oben genannten Nährstoffen sind, insbesondere frisches Gemüse und Obst, Vollgetreide, Hülsenfrüchte und Fisch sowie Nüsse und Samen. Als Fett für die Zubereitung der Gerichte werden Oliven- und Rapsöl empfohlen.

Obwohl Fleisch und Wurst auch manche wichtige Nährstoffe enthalten, sollten sie nicht in zu großen Mengen verzehrt werden, da sich in diesen ein besonders hoher Anteil versteckten Fettes bzw. ein hoher Anteil an gesättigten Fettsäuren befindet, die schädlich für das Herz sind. Wählen Sie daher anstelle von Fleisch- und Wurstprodukten eher Geflügel und Fisch.

## ZUSAMMENFASSUNG

**Bestandteile unserer Nahrung**

*Im allgemeinen besteht unsere Nahrung aus Eiweiß, Fett, Kohlenhydraten, Mineralstoffen, Spurenelementen und Vitaminen. Das Verhältnis zwischen den einzelnen Bestandteilen sollte ausgeglichen sein. Für das Herz ist besonders die Zusammensetzung der Fette wichtig.*

# DIE ROLLE DES FETTES FÜR DIE GESUNDHEIT

## FETT IM KÖRPER

Fett ist ein perfekter Energiespeicher für den Körper. In der Entwicklungsgeschichte des Menschen war die Möglichkeit, Fett aufzubauen und anzulagern ein wesentliches Überlebensinstrument für Zeiten des Hungers und extremer Belastungen. Diese Fähigkeit war also in der Entwicklung des Menschen ein großer Überlebensvorteil. Heute, in Zeiten, in denen Fett ausreichend verfügbar ist und fettreiche Speisen im Überfluß verzehrt werden, führt genau diese einstmals für das Überleben sehr wichtige Eigenschaft zu Übergewicht und stellt damit eine Gesundheitsgefährdung dar. Das Fett, das wir täglich mit der Nahrung aufnehmen, wird erst im Stoffwechsel zum Gesundheitsproblem. Ein Körperfettanteil von 25 % ist beispielsweise bei Frauen als normal anzusehen. Allerdings sieht die Realität ganz anders aus: Etwa ein Drittel der Deutschen sind als übergewichtig zu bezeichnen. Ganz entscheidend ist, an welcher Stelle Fettpolster sitzen, denn die Fettverteilung am Körper steht in einem direkten Zusammenhang mit dem Risiko eine Herz-Kreislauf- oder Stoffwechselerkrankung zu bekommen. Wissenschaftler konnten zeigen, daß es einen Unterschied macht, wo das Fett angelagert ist, z. B. im Bereich der Hüfte oder im Bereich des Bauches. Eine hüftbetonte Fettverteilung (Birnentyp) findet sich meistens bei übergewichtigen Frauen, während bei Männern die bauchbetonte Fettverteilung (Apfeltyp) vorherrscht. Ein großes Risiko für die Entstehung von Herz-Kreislauf-Erkrankungen haben solche Personen, bei denen das Körperfett um die Körpermitte (Apfeltyp) sitzt.

## FETT IN DER ERNÄHRUNG

Fett, das im Übermaß mit der Nahrung aufgenommen wird, führt, wie eben erwähnt, zu Übergewicht und kann in der Folge auch schwere Herz-Kreislauf-Erkrankungen bedingen. Heute weiß man, daß es nicht nur wichtig ist, die Fettaufnahme in der Nahrung allgemein zu reduzieren, sondern insbesondere die Zusammensetzung der einzelnen Fette genau zu beachten.

Im Durchschnitt verzehren die Bürger in den deutschsprachigen Ländern Fettmengen von meist über 140 g täglich, was 40 bis 45 % der Gesamtenergiezufuhr ausmacht. Die Deutsche Gesellschaft für Ernährung (DGE) empfiehlt für Männer bzw. Frauen mit leichter körperlicher Arbeit eine tägliche Gesamtenergieaufnahme von 2400 kcal bzw. 2000 kcal.

Für eine gesundheitsbewußte Ernährung sollen höchstens 30 % der Energiezufuhr in Form von Fett aufgenommen werden. Dies entspricht etwa 70 g Fett pro Tag, also der Hälfte der tatsächlich verzehrten Fettmenge. Dabei sollen Fette pflanzlicher Herkunft, z. B. Pflanzenöle, bevorzugt werden, während Fette tierischen Ursprungs, z. B. Butter, Sahne und Wurst, eher sparsam gegessen werden sollen.

## CHOLESTERIN UND FETTSÄUREN

Auch der Zusammensetzung der Fette aus der Nahrung muß Beachtung geschenkt werden. Fette unterscheiden sich durch ihre Fettsäuren. Es gibt gesättigte, einfach ungesättigte und mehrfach ungesättigte Fettsäuren. Gesättigte Fettsäuren finden sich vor allem in tierischen Produkten. Bereits in den 70iger Jahren wurde erkannt, daß gesättigte Fettsäuren den Cholesterinspiegel im Blut erhöhen. Erhöhtes Cholesterin wird von Ernährungsexperten als besonders gefährlich im Zusammenhang mit Herz-Kreislauf-Erkrankungen eingestuft. Allerdings wird dabei nicht beachtet, daß nur ein gewisser Teil des Cholesterins gefährlich ist und daß Cholesterin eine lebenswichtige Substanz für den Aufbau der Zellwände und die Herstellung von Hormonen darstellt. Cholesterin ist ein Stoff, den der Körper auch selbst produziert.

Erhöhte Cholesterinspiegel im Blut als alleiniges Prognoseinstrument für Herz-Kreislauf-Erkrankungen wird von Stoffwechselexperten wie Michael Berger aus Düsseldorf bezweifelt: *„Statistische Untersuchungen über die vergangenen hundert Jahre haben gezeigt, daß sich in diesem Zeitraum die Lebenserwartung fast verdoppelt hat. Ab dem 55. Lebensjahr sinkt die Häufigkeit von Infektionskrankheiten und parasitären Erkrankungen als Todesursache, während die Häufigkeit von Krebs und Herz-Kreislauf-Erkrankungen als Todesursache zunimmt. Das heißt natürlich auch, daß die Zunahme an Herz-Kreislauf-Toden während der letzten hundert Jahre eine notwendige Folge der größeren Lebenserwartung ist.* International anerkannte Herzspezialisten, wie Prof. Swan von Los Angeles oder Prof. Oliver von London, sind heute der Meinung, daß Serumcholesterinwerte nicht überbewertet werden sollten.“

## „GUTES" UND „BÖSES" CHOLESTERIN

Die immer wieder auftauchende Bezeichnung „gutes" und „böses" Cholesterin soll ebenfalls im folgenden erklärt werden: Fette werden prinzipiell auch als Lipide bezeichnet. Diese Lipide erfüllen in Blut, Körperzellen und im Energiestoffwechsel wesentliche Aufgaben. Dabei gibt es zwei entscheidende Vertreter: Neutralfette (Triglyceride) und Cholesterin. Triglyceride bestehen aus Glycerin und drei Fettsäuren, die entweder gesättigt, einfach ungesättigt oder mehrfach ungesättigt sein können.

Die Lipide spielen im Energiestoffwechsel eine große Rolle, da sie durch das Blut an jede beliebige Stelle im Körper transportiert werden können. Zumeist werden die Fette aus der Nahrung aufgenommen, können allerdings auch von der Leber selbst gebildet werden. Der Transport der Fette im Blut erfolgt durch den Zusammenschluß mit Proteinen (Eiweißen). Es entstehen sogenannte Lipoproteine. Je weniger Fett und je mehr Eiweiß diese Lipoproteine enthalten, desto höher ist ihre Dichte und um so kleiner sind sie. Besonders eiweißreiche und fettarme Lipoproteine werden als high density lipoproteins (HDL) bezeichnet. Diese nennt man in der Umgangssprache auch „gutes Cholesterin". „Böses Cholesterin" (LDL = low density lipoproteins) hingegen sind Partikel, die wesentlich größer sind, einen höheren Fett- und einen geringeren Proteinanteil haben.

Cholesterin wird im Blut sowohl durch „gute" als auch durch „böse" Lipoproteine transportiert: LDL trägt es aus der Leber zu seinem Verwendungspunkt in den Organen, HDL ist für den Rücktransport zuständig und wird schließlich zu Gallensäure abgebaut.

Kommt ein LDL-Partikelchen zu seinem Bestimmungsort, wird es von sogenannten Rezeptoren an der Zelle aufgenommen. Ist in der Zelle genug Cholesterin vorhanden, werden die Partikel abgewiesen. Nimmt man nun übermäßig Fett auf, welches nicht von den Zellen benötigt wird, steigt der Blutfettgehalt an und das Gleichgewicht zwischen LDL und HDL verschiebt sich. Die LDL-Partikel lagern dann das Cholesterin an den Wänden der Blutgefäße ab und leisten somit ihren Beitrag zur Entstehung von Arteriosklerose.

## WELCHE ROLLE SPIELEN DIE UNTERSCHIEDLICHEN FETTSÄUREN?

Besonders günstig wirken sich auf den Stoffwechsel die ungesättigten Fettsäuren aus, denn sie senken das LDL-Cholesterin im Blut. Insbesondere die einfach ungesättigten Fettsäuren können nicht nur den LDL-Anteil des Cholesterins senken, sondern gleichzeitig das HDL-Cholesterin erhöhen, wodurch ein noch günstigerer Gesamteffekt entsteht. Gerade die einfach ungesättigten Fettsäuren sind vor allem in Raps- und Olivenöl vorhanden.

### ZUSAMMENFASSUNG
.............................

**Informationen rund ums Fett**
*Fett ist eine bedeutende Energiequelle für den Körper, es kann über die Blutbahn überall hin transportiert werden.*
*Es gibt „gute" (HDL) und „böse" Fette (LDL). LDL-Partikel lagern überschüssiges Cholesterin in der Gefäßwand ein – dies ist ein wesentlicher Mechanismus im Entstehen der Arteriosklerose.*
*Einfach ungesättigte Fettsäuren, wie sie im Olivenöl vorkommen, können den LDL-Anteil des Cholesterins im Blut senken, während sie den HDL-Anteil heben. Daher wirken Oliven- und Rapsöl der Entwicklung der Arteriosklerose und im weiteren dem Herzinfarkt entgegen.*

# KORONARE HERZKRANKHEIT UND HERZTOD

Der Begriff Koronare Herzkrankheit entspricht einem klinischen Syndrom (Krankheitsbild), das aus Angina pectoris, Herzinfarkt und deren Folgeerkrankungen (Herzinsuffizienz, Rhythmusstörungen, plötzlicher Herztod usw.) besteht und aus einer Durchblutungsstörung des Herzens resultiert. Der Großteil dieser Durchblutungsstörungen ist durch eine Einengung der Strombahn der Herzkranzgefäße (Koronararterien; daher stammt auch der Begriff Koronartod) verursacht. Diese wiederum ist Folge der gemeinhin als „Gefäßverkalkung" bekannten Arteriosklerose.

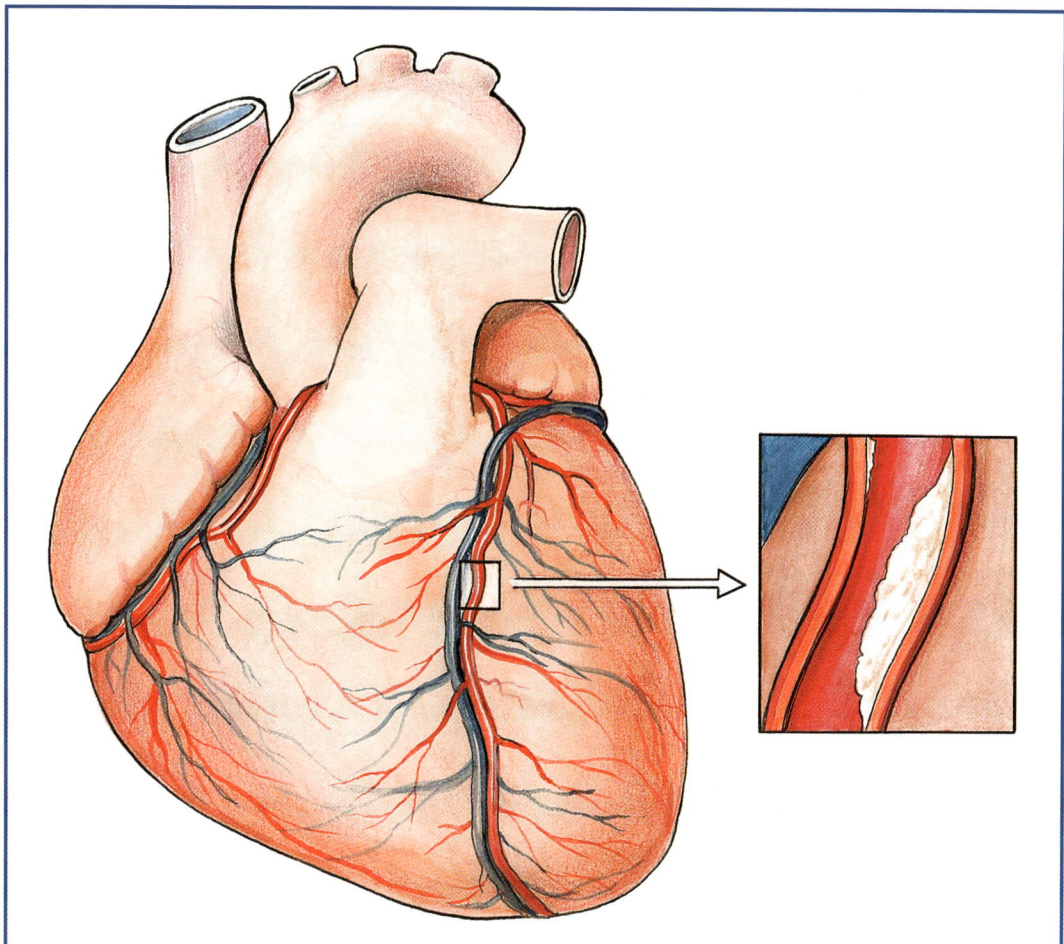

Abb.: Die Durchblutung des Herzmuskels erfolgt über die Herzkranzgefäße, die hier rot dargestellt sind. Das sauerstoffarme Blut wird, nachdem es die Herzmuskelzellen mit Energie versorgt hat, über Venen (blau) in den Lungenkreislauf zurückgeführt, wo es wieder mit Sauerstoff angereichert wird. Im Laufe des Lebens entwickeln sich Verengungen *(„Arteriosklerose")* der Herzkranzgefäße, welche die lebenswichtige Zufuhr von sauerstoffreichem Blut behindern. Wird ein Blutgefäß vollständig verstopft, kommt es zum Herzinfarkt. Die Kreta-Diät verhindert die Bildung von solchen *arteriosklerotischen* Gefäßverengungen.

## DIE ARTERIOSKLEROSE

Die Entstehung von arteriosklerotischen Polstern (Plaques) in den Arterien ist noch längst nicht ausreichend erforscht. Solche Plaques bestehen meist aus Cholesterin, Kalzium sowie Bindegewebsvermehrungen. Sie wachsen oft wie Warzen in das Gefäßinnere vor und engen so die Blutstrombahn ein.

Man weiß heute, daß Fette, Lipoproteine (Fett-Eiweiß-Gemische), winzige Blutungen, weiße Blutkörperchen, verschiedenste Zellarten, Scherkräfte, Wachstumsfaktoren, Vitamine, Entzündungsfaktoren, Kalzium usw. bei der Entstehung der Arteriosklerose eine Rolle spielen – um nur einige zu nennen. Wie diese Faktoren zusammenspielen, ist nur teilweise bekannt. Entstehungstheorien darüber reichen bis ins letzte Jahrhundert zurück.

Daß wir aber noch lange nicht am Ende unserer Erkenntnisse über die Arteriosklerose sind, zeigen mehrere Publikationen, die in den letzten Jahren erschienen sind. Sie weisen darauf hin, daß die Arteriosklerose in vielen Fällen möglicherweise Teil einer Infektionskrankheit sein könnte, ausgelöst durch Chlamydien.

Die Behandlung, Bekämpfung bzw. Prävention unserer häufigsten Todesursache, dem Herzinfarkt, ist schwierig, da noch zu viel Unklarheit über seine Entstehung herrscht. Die Rückschläge, z. B. die Anwendung von Calciumantagonisten, waren teilweise entmutigend. Für diese Krankheit scheint aufgrund ihrer Komplexität der gängige Weg – Erkenntnis der Ursache, Beschreibung der Entstehung, Behandlung – nicht ideal zu sein.

### ZUSAMMENFASSUNG

......................

**Koronare Herzkrankheit, Herztod und Arteriosklerose**

*Die häufigste Ursache des Herztodes ist eine Verengung der Herzkranzgefäße (Koronararterien) durch Arteriosklerose (Gefäßverkalkung). Auch wenn die Entstehungsmechanismen der Arteriosklerose vielfältig und zum Teil noch nicht ausreichend erforscht sind, weiß man, daß Inhaltsstoffe der Kreta-Diät der Entwicklung der Arteriosklerose und des Herzinfarktes entgegenwirken.*

## HERZ-KREISLAUF-ERKRANKUNGEN IN VERSCHIEDENEN GEOGRAPHISCHEN REGIONEN

Epidemiologen sind das Problem der Herz-Kreislauf-Erkrankungen von einer ganz anderen Seite angegangen: Sie haben die Häufigkeit von Herz-Kreislauf-Erkrankungen in verschiedenen geographischen Regionen untersucht und sich anschließend mit den Lebensgewohnheiten der dort lebenden Menschen auseinandergesetzt. Es wurde beobachtet, daß in mediterranen Ländern Erkrankungen des Herz-Kreislauf-Systems deutlich seltener auftreten als in unseren Breiten. Insbesondere wurde diese Beobachtung auf der griechischen Insel Kreta gemacht.

Wie läßt sich so eine Beobachtung verwerten? Und wie gelangt man von einer solchen Beobachtung zu einer wissenschaftlich fundierten Aussage, die eine konkrete, seriöse Empfehlung zuläßt? Es können ja unzählige Faktoren sein, die ursächlich für die beobachtete geringere Herz-Kreislauf-Sterblichkeit auf Kreta sind: Es könnten z. B. Erbfaktoren in der dortigen Bevölkerung sein, oder es könnte an der stärkeren Sonneneinstrahlung liegen, die unter anderem in der Haut eine Umwandlung

von Vitamin D-Vorstufen in Vitamin D bewirkt. Vielleicht sind es auch die Inhaltsstoffe des Weines, insbesondere der harzigen griechischen Weine, der häufige Fischverzehr, das Salzwasser, der Luftdruck oder noch andere Faktoren.

## DER EINFLUSS DER ERNÄHRUNGS- GEWOHNHEITEN AUF HERZ-KREISLAUF-ERKRANKUNGEN

Den Einfluß der Ernährung auf die unterschiedliche Häufigkeit des Herztodes in den verschiedenen europäischen Ländern haben Epidemiologen in der sogenannten Sieben-Länder-Studie untersucht. Diese umfangreiche Beobachtung von 12 000 Männern mittleren Alters fand in sieben ausgewählten Ländern Europas statt und dauerte 25 Jahre. Das Ergebnis: viermal mehr Herztode in nordeuropäischen Ländern (20 % gegenüber 5 %).

Eine genaue Analyse der Eßgewohnheiten und der Nahrungsbestandteile ergab, daß insbesondere die unterschiedliche Aufnahme von gesättigten Fettsäuren und der für die Zellatmung wichtigen Vitamine bzw. Enzyme eine entscheidende Rolle für den in südlichen Gefilden selteneren Koronartod spielt. Wissenschaftler haben sich darauf geeinigt, daß gewisse Bestandteile der mediterranen Ernährungsweise einer weiteren genauen Untersuchung unterzogen werden sollten. Ernährungswissenschaftler folgerten aus den gemachten Beobachtungen, daß eine Änderung des Eßverhaltens der Mittel- und Nordeuropäer im Sinne einer „mediterranen Ernährung" verschiedenste chronische Krankheiten, die beim Menschen zu einem vorzeitigen Tod führen können, allen vorweg die koronare Herzkrankheit, in Häufigkeit und Schweregrad beeinflussen könnte.

Ein längeres, gesünderes Leben? Geringere Ausgaben im Gesundheitsbereich? Ist tatsächlich eine Umstellung der Ernährung ausreichend? Oder müssen noch andere Faktoren beachtet werden? Vielleicht eine andere Mentalität der Südländer, die weniger zu Streß und dessen Folgeerkrankungen neigen?

Viele Fragen, viele Antworten – eine teilweise sehr hitzig geführte Debatte, vor allem wenn man kritisch die Lebenserwartung in den verschiedenen Ländern Europas betrachtet. Da haben zum Beispiel die Isländer die höchste Lebenserwartung, obwohl kein Land Europas weiter vom Mittelmeer entfernt ist als Island. Auch die Eßgewohnheiten der isländischen Bevölkerung sind deutlich anders als die der Kreter. Weiters ist zu beobachten, daß in den nordeuropäischen Ländern, trotz unwesentlicher Veränderungen der Eßgewohnheiten, während der letzten Jahrzehnte eine deutliche Verbesserung der allgemeinen Gesundheit sowie eine deutliche Verlängerung der Lebenserwartung und doch eine gewisse Reduktion von Herzinfarkt- bzw. Schlaganfallhäufigkeit zu sehen ist. Läßt sich das alles unter einen Hut bringen?

## ZUSAMMENFASSUNG

················

***Herz-Kreislauf-Erkrankungen in verschiedenen geographischen Regionen***

*Epidemiologen und Ernährungswissenschaftler haben herausgefunden, daß in den mediterranen Ländern, insbesondere auf der griechischen Insel Kreta, die Lebenserwartung höher und die Herzinfarkthäufigkeit geringer sind als im übrigen Europa.*

*Man fand heraus, daß die Ursache dafür in der Ernährungsweise der Südländer liegt: wenig tierisches Fett, dafür mehr pflanzliche Öle, insbesondere Olivenöl, sowie ballaststoffreiche Nahrungsmittel, wie Vollgetreide, frisches Obst und Gemüse sowie Hülsenfrüchte.*

## ESSGEWOHNHEITEN IM WANDEL

Während der letzten zehn Jahre fiel der Fettkonsum in Mittel- und Nordeuropa nur leicht. Die Menschen leben aufgrund der medizinischen Fortschritte länger und haben insgesamt einen besseren Gesundheitszustand. Die durchschnittliche Lebenserwartung für Frauen in den deutschsprachigen Ländern liegt praktisch bei 80 Jahren, Tendenz steigend. Das heißt, daß die meisten von uns wahrscheinlich ein hohes Lebensalter erreichen werden.

Die Frage, die sich für uns jetzt stellt: **Wie** werden wir alt werden? Werden wir nach mehreren Schlaganfällen und Infarkten an den Rollstuhl gefesselt in einem Altersheim dahindämmern oder mit einer gewissen Lebensqualität selbst unseren Alltag bestimmen und ein erfülltes Dasein führen?

Wir werden Krankheiten zu vermeiden suchen, die wir früher nicht vermeiden mußten, da wir sie gar nicht erlebt haben. Wir werden danach trachten müssen, die „Physiosklerose", d. h. die normale, altersbedingte Gefäßverkalkung, die beim Mann ab dem 18. Lebensjahr beginnt, hintanzuhalten und die häufigste Ursache körperlicher Behinderung im höheren Lebensalter, die koronare Herzkrankheit, in ihrer Entwicklung, aber auch ihren Auswirkungen einzudämmen.

In diesem Zusammenhang werden wir auch an unsere Ernährung neue Anforderungen stellen müssen. Das vorliegende Kochbuch ist der Versuch, den Ansprüchen des 21. Jahrhunderts gerecht zu werden. Es soll die folgenden fünf Forderungen erfüllen:

- Die Zusammensetzung des Speiseplanes soll die Möglichkeit geben, das Infarkt- bzw. Herztodrisiko um bis zu 70 % zu senken und eine bessere Lebensqualität im höheren Lebensalter ermöglichen.
- Die einzelnen Gerichte werden nichts von dem, was Sie gerne essen, vollständig auslassen, sondern es soll nur die jeweilige Menge der einzelnen Bestandteile in Prozentsätzen verschoben werden bzw. das Verhältnis der einzelnen Nahrungsbestandteile zueinander geändert werden.
- Die in diesem Buch vorgestellten Gerichte sollen besser schmecken als Ihre bisherige Kost. Sie sind keineswegs karge Diätmahlzeiten, sondern ein Genuß für den Gaumen.
- Alles, was in diesem Buch beschrieben und vertreten wird, soll wissenschaftlich fundiert, d. h. nach den Regeln der Wissenschaft überprüft und reproduzierbar sein.
- Das hier vertretene Konzept soll für jeden problemlos umsetzbar sein und möglichst viele Menschen erreichen.

## ZUSAMMENFASSUNG

...........................

### Eßgewohnheiten im Wandel

*Während in den Nachkriegsjahren eine fettreiche Kost eine ausreichende Energieversorgung und damit das Überleben eigentlich erst ermöglichte, hat man in den letzten Jahren zusehends erkannt, daß Fett nicht gleich Fett ist. Übergewicht bzw. falsche Ernährung wurden als Ursache der sogenannten Zivilisationskrankheiten erkannt und ihnen wurde der Kampf angesagt.*

*Dieses Kochbuch über die Anwendung der Kreta-Diät im täglichen Leben soll helfen die Herztodhäufigkeit zu senken, ohne auf eine gute Küche zu verzichten. Diese wissenschaftlich geprüfte Ernährungsform ist problemlos umsetzbar, wohlschmeckend und erlaubt auch „Sünden".*

## THEORETISCHE GRUNDLAGEN DER KRETA-DIÄT

### DIE ERGEBNISSE DER LYON-STUDIE

Der „letzte Kick" im Gewirr der zahllosen Untersuchungen und Überlegungen zu den mediterranen Eßgewohnheiten kam von einem französischen Forscherteam aus Lyon.

Dr. Lorgeril und seine Kollegen haben den Effekt einer mediterranen Ernährungsweise auf Patienten untersucht, die bereits einen Herzinfarkt erlitten hatten und daher mit Sicherheit eine koronare Herzkrankheit und dadurch ein entsprechend hohes Risiko für einen Zweitinfarkt bzw. Herztod hatten. Bei über 600 Patienten wurden die herkömmlichen Fette im Speiseplan durch Olivenöl und Rapsöl ersetzt. Statt Butter, Sahne und Sonnenblumenmargarine gab es Rapsölmargarine, deren Fettsäurenzusammensetzung weitgehend der des Olivenöls gleicht. Darüber hinaus waren die Teilnehmer der Studie angehalten, mehr Hülsenfrüchte, Gemüse, frische Früchte und Getreide zu essen. Außerdem sollten sie den Prozentanteil an Fleisch, Wurst und Käse zugunsten von mehr Seefisch und Geflügel verringern.

Den Fettverzehr betreffend führte diese Ernährungsform zu einer geringeren Aufnahme von gesättigten Fettsäuren und Linolsäure. Gerade Linolsäure wird als besonders ungünstig für Verlauf und Entwicklung der koronaren Herzkrankheit vermutet. Statt dessen erhöhte sich der Anteil an alpha-Linolsäure und Ölsäure, also von Fetten, die für die Herzkranzgefäße als „nützlich" angesehen werden. Interessanterweise entspricht diese Zusammensetzung auch den Ernährungsgewohnheiten der Japaner, die ebenfalls wesentlich weniger Erkrankungen des Herz-Kreislauf-Systems erleiden als die Nordeuropäer.

### DER WISSENSCHAFTLICHE HINTERGRUND

Das Lyoner Ärzteteam um Dr. Lorgeril führte die Untersuchung durch, obwohl andere, frühere Studien, die auf Sekundärprävention (Verhinderung von Re-Infarkten und Herztod nach Herzinfarkt) durch Diät abzielten, keine brauchbaren Erfolge zeigten. Die Ergebnisse der früheren Studien standen im Gegensatz zu den aufgrund von epidemiologischen Daten erwarteten Erfolgen.

Unter den wichtigsten dieser Studien war die Oslo-Studie die einzige, die eine 23 %ige Senkung der Zahl neuer Infarkte erreichte, während die Diätmaßnahmen keinen Einfluß auf die Zahl der Herztode in dieser Studie genommen hatte. Labordaten ließen sich also wieder einmal nicht auf den Menschen übertragen.

Um das Cholesterin im Blut zu senken, wurde in diesen leider erfolglosen Studien die Einnahme von gesättigten Fettsäuren verringert und die der mehrfach ungesättigten Fettsäuren erhöht, was heute noch in den „Richtlinien der American Heart Association für Management Patienten mit akutem Myocardinfarkt" empfohlen wird (AHA Step II diet).

In Primärpräventionsstudien (d. h. Untersuchungen über die Möglichkeit, von vornherein Herzinfarkte zu vermeiden) haben die oben genannten Diätempfehlungen überhaupt keine Verringerung der Infarkthäufigkeit oder Sterblichkeit erbracht. Mit anderen Worten: Völlig unabhängig von der Zusammensetzung der Nahrung, bezogen auf gesättigte und mehrfach ungesättigte Fettsäuren, haben gleich viele Teilnehmer einen Herzinfarkt erlitten und gleich viele Teilnehmer sind in beiden Gruppen daran gestorben. In einer anderen größeren Untersuchung, der sogenannten DART-Studie, war nur dann eine etwas geringere Herz-Kreislauf-Sterblichkeit zu sehen, wenn die n-3-Fettsäuren (wie in Fischöl) erhöht waren.

In der von Lorgeril durchgeführten Lyon-Studie über die Kreta-Diät hatte man aber eine zusätzliche Komponente beachtet: dieselbe Arbeitsgruppe zeigte bereits 1990, daß eine Diät mit einem höheren Anteil an mehrfach ungesättigten Fettsäuren gegenüber gesättigten Fettsäuren die Blutplättchenaktivität und damit die Bildung von Blutgerinnseln fördert. Zusätzlich wurde bemerkt, daß eine höhere Aufnahme von Linolsäure mit speziellen, die Gefäßverkalkung und Blutgerinnselbildung fördernden Mechanismen verbunden war. Alle diese Faktoren begünstigen die Entstehung des Herzinfarktes.

Diese negativen Auswirkungen der sonst als günstig beschriebenen ungesättigten Fettsäuren machen wahrscheinlich den positiven Effekt der Cholesterinsenkung zunichte.

Aus diesen genannten Gründen wurde die sogenannte Kreta – mediterrane Diät, kurz Kreta-Diät, entwickelt. Sie orientiert sich an den Eßgewohnheiten der dort lebenden Menschen, die eine besonders geringe Herzinfarktrate haben.

### DIE TRADITIONELLE MEDITERRANE ERNÄHRUNG

Woraus setzt sich nun die mediterrane Kost bzw. die Kreta-Diät zusammen? Nicht gemeint ist wohl die für Touristen entlang der Haupturlaubsziele angebotene Küche mit sahnebetupften Torten, Pasteten, fettem Käse und gegrilltem Lammfleisch mit darauf zerlassener Butter. Der Schwerpunkt liegt viel mehr in der traditionellen mediterranen Hausmannskost mit viel Gemüse, Früchten, Seefisch, Vollgetreide, Joghurt und Olivenöl – ohne Butter, ohne Sahne.

Hauptsäulen dieser Diät sind die Einnahme von alpha-Linolsäure und die verringerte Zufuhr von gesättigten Fettsäuren ohne gleichzeitige Erhöhung der mehrfach ungesättigten Fettsäuren. Die Einnahme der günstigen Vorstufe Alpha-Linolsäure, welche eine wesentlichen Bestandteil von Raps- und Olivenöl, Walnüssen und Sojaöl ausmacht, wurde um 68 % gehoben, während der Anteil der ungünstigen Linolsäure um 7 % gesenkt werden konnte.

Alpha-Linolsäure hat – im Gegensatz zur Linolsäure – einen hemmenden Effekt auf die Blutplättchenaktivität bzw. Gerinnselbildung. Da an der Entstehung des Herzinfarktes fast immer die Bildung eines Blutgerinnsels in einem verkalkten Herzkranzgefäß beteiligt ist, sollte diese Blutplättchenhemmung die Häufigkeit von Herzinfarkten verringern.

Die zusätzlich vermehrt verzehrten Früchte sowie Gemüse ergänzen die Kost um eine sogenannte Antioxidantienkomponente, die im Tierexperiment wiederum die Arterioskleroseentwicklung hemmt (Antioxidantien sind Stoffe, welche ähnlich einem Rostschutz die Verkalkung der Herzkranzgefäße reduzieren sollen). Tatsächlich fanden sich bei den Patienten der Diätgruppe dank des vermehrten Gemüse- und Obstverzehrs höhere Konzentrationen von Vitamin C und E im Blut.

Positive Ergebnisse aus wissenschaftlichen Untersuchungen über die Wirkung von Vitamin C, E und verschiedenen Weininhaltsstoffen legen die Vermutung nahe, daß diese Komponenten in der Kreta-Diät ebenfalls eine Rolle spielen.

Tatsächlich fanden die Forscher bei ihren Patienten eine Reduktion der Herztodhäufigkeit und Zweitinfarktrate um 70 %. Bei den Patienten, die keine Diät erhielten, zeigten sich bereits innerhalb von 5 Jahren mehr als fünfmal

so viele Herztode wie in den Diätgruppen. Sogar die Gesamtsterblichkeit (d. h. alle Todesursachen zusammen) wurde deutlich gesenkt. Verblüffenderweise zeigte sich dieser Erfolg ohne wesentliche Senkung der Blutfettwerte, wie Cholesterin und Triglyceride, sowie auch ohne Hebung des HDL („gutes" Cholesterin). Beeindruckend war diese Senkung der Zweitinfarktrate um 70 %, da es mit keinem Medikament bisher gelungen war, eine Senkung um mehr als 35 % zu erreichen.

Zusammenfassend läßt sich sagen, daß der beeindruckende Effekt der Kreta-Diät auf das koronarkranke Herz vermutlich auf einem komplexen Zusammenspiel zwischen Vitaminen, Alpha-Linolsäure und diversen Weininhaltsstoffen beruht. Experimentelle und klinische Untersuchungen weisen darauf hin, daß die Kreta-Diät an folgenden Mechanismen ansetzt: an der Blutgerinnung und an der Arterioskleroseentwicklung. Außerdem beeinflußt sie möglicherweise Herzrhytmusstörungen günstig.

### ZUSAMMENFASSUNG

......................................

***Die Kreta-Diät***

*Französische Wissenschaftler haben gezeigt, daß eine geringfügige Umstellung der Ernährung bei Patienten mit nachgewiesener koronarer Herzkrankheit die Zahl der Herztode innerhalb von fünf Jahren um 70 % senkte. Hauptsäule dieser Diät ist die Einnahme von alpha-Linolsäure und die Senkung der Einnahme von gesättigten Fettsäuren mit der Nahrung. Diese Umstellung hemmt die Bildung von Blutgerinnseln und arteriosklerotischen Gefäßwanderkrankungen. Möglicherweise beeinflußt sie auch Herzrhythmusstörungen günstig.*

## DIE KRETA-DIÄT IN DER PRAXIS

### GRUNDPFEILER DER KRETA-DIÄT

Durch Änderung der Zusammensetzung der Nahrungsbestandteile kann die Infarkthäufigkeit bzw. -sterblichkeit um bis zu 70 % gesenkt werden. Dies ist nun erstmals wissenschaftlich ausreichend nachgewiesen (Quelle: American Heart Association/European Society of Cardiology).

Die Ernährung nach den Empfehlungen der Kreta-Diät ist dann nicht etwa langweilig, sondern sogar wesentlich schmackhafter als die bisherige Kost. Wein wird in normalen Mengen getrunken. Kurz gesagt: Die Speisenauswahl erinnert an einen Urlaub am Mittelmeer.

Das Ernährungskonzept ist so gestaltet, daß man auch „sündigen" darf – das heißt in anderen Worten: Das Eisbein ist nicht für immer vom Mittagstisch, es wird aber viel häufiger durch magere Fleischsorten, z. B. Geflügel, und Seefisch ersetzt. Es geht nicht um eine vollständige Ernährungsumstellung, sondern nur um eine anteilsmäßige Verringerung bzw. Erhöhung einzelner Nahrungsbestandteile wie z. B. bei Wurst oder Gemüse.

Die Übersicht auf der nächsten Seite zeigt die von der Normalbevölkerung durchschnittlich verzehrten Nahrungsmittelmengen in Gramm pro Tag. Diesen Angaben steht die Zusammensetzung der Kreta-Diät gegenüber. Sie erkennen so auf einen Blick, daß die erforderliche Umstellung durch eine Steigerung bzw. Senkung bestimmter Nahrungsbestandteile erfolgen kann.

Besonders erfreulich ist es, daß die Empfehlungen für den Verzehr bestimmter Nahrungsmittelgruppen teilweise nur geringfügig von den bisherigen Ernährungsgewohnheiten abweichen.

| Nahrungsmittel | durchschnittlicher Verzehr (in g pro Tag) | wünschenswerter Verzehr im Rahmen der Kreta-Diät (in g pro Tag) | Steigerung (in %) |
|---|---|---|---|
| Brot | 145 | 167 | + 15 % |
| Getreideprodukte (Reis, Teigwaren, Vollkornmehl) | 99 | 100 | + 1 % |
| Hülsenfrüchte | 10 | 20 | + 100 % |
| Gemüse | 288 | 316 | + 10 % |
| Früchte | 203 | 252 | + 24 % |
| Wurst, Wurstwaren | 13 | 6 | – 54 % |
| Fleisch | 60 | 41 | – 32 % |
| Geflügel | 53 | 58 | + 10 % |
| Seefisch | 39 | 46 | + 18 % |
| Käse | 35 | 32 | – 9 % |
| Butter und Sahne* | 17 | 3 | – 82 % |
| Margarine* | 5 | 19 | + 380 % |
| Öl** | 16 | 16 | austauschen |
| Eier**** | | | |
| Wein**** | | | |

Quelle: Lorgeril et al. Lancet 1994; 343: 1454–59

**Anmerkungen zu der Übersicht**

    * Die Aufnahme von Butter und Sahne allgemein um etwa 80 % verringern. Butter durch reine Pflanzenmargarine auf der Basis von Rapsöl ersetzen.

    ** Herkömmliche Pflanzenöle durch Rapsöl oder Olivenöl ersetzen.

    *** Auch Eier sollten in möglichst geringen Mengen verzehrt werden, d. h. maximal 2 bis 3 Eier pro Woche.

    **** Wein in Maßen, nach Möglichkeit zu den Mahlzeiten trinken. Keine Alkoholexzesse!

# Die traditionelle gesunde Mittelmeerkost-Pyramide

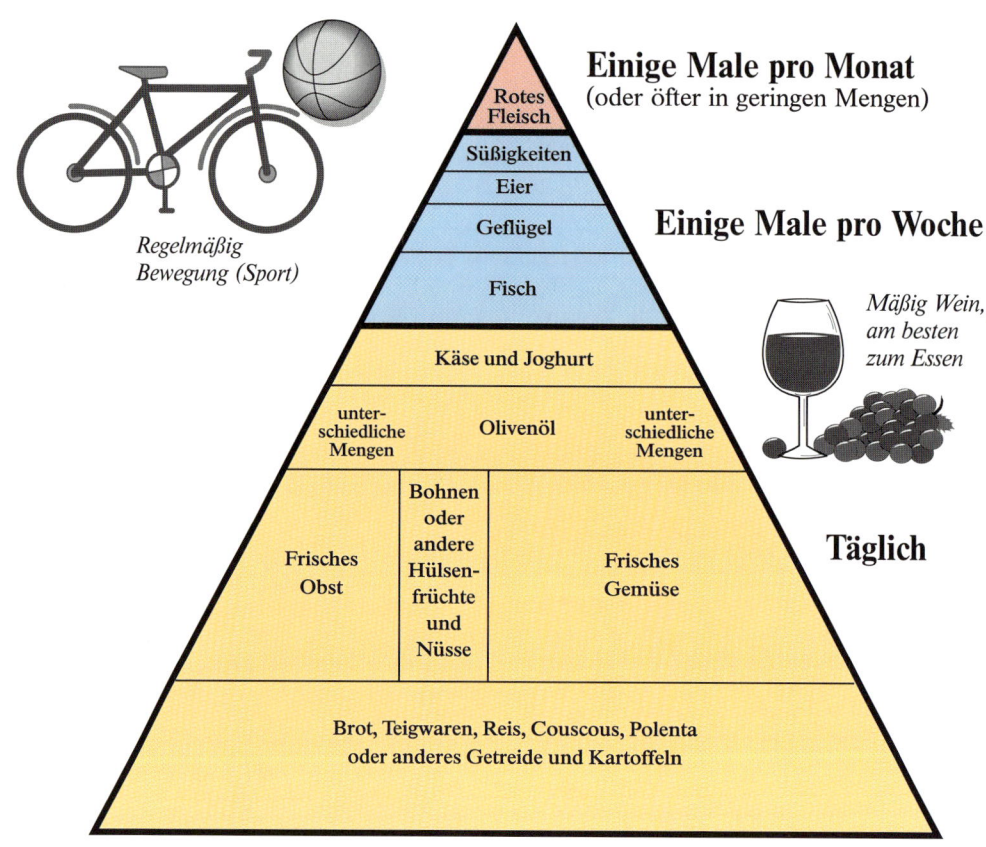

**Einige Male pro Monat**
(oder öfter in geringen Mengen)

Rotes Fleisch

Süßigkeiten

Eier

Geflügel

**Einige Male pro Woche**

Fisch

Käse und Joghurt

unterschiedliche Mengen — Olivenöl — unterschiedliche Mengen

Frisches Obst

Bohnen oder andere Hülsenfrüchte und Nüsse

Frisches Gemüse

**Täglich**

Brot, Teigwaren, Reis, Couscous, Polenta oder anderes Getreide und Kartoffeln

*Regelmäßig Bewegung (Sport)*

*Mäßig Wein, am besten zum Essen*

© Oldways Preservation & Exchange Trust and the President and Fellows of Harvard College

## DIE MITTELMEERKOST-PYRAMIDE

Die Darstellung links, veranschaulicht die optimale Zusammensetzung der Kreta-Diät. Sie zeigt, wie häufig einzelne Bestandteile verzehrt werden sollten. Die Basis der Pyramide bilden Getreideprodukte, Kartoffeln und Hülsenfrüchte: Sie sollen den Hauptbestandteil der Ernährung ausmachen. An der Pyramidenspitze sind solche Nahrungsmittel angeordnet, die seltener gegessen werden sollten, z. B. Fleisch, Süßigkeiten oder Eier.

## WIRKSAME BESTANDTEILE DER KRETA-DIÄT

Welche Nahrungsinhaltsstoffe der Kreta-Diät sind es nun, die einen so günstigen Effekt auf das Herz haben? Rapsöl? Olivenöl? Fischöl? Rotwein? Gemüse? Früchte? Und wie tief muß der Verbraucher in das „Wirrwarr" der verschiedenen Wissenschaften eindringen, um sich für eine vernünftige Ernährungsweise zu entscheiden? In den folgenden Absätzen erfahren Sie mehr über die wichtigsten Nahrungsbestandteile der Kreta-Diät.

### OLIVENÖL, DAS GRÜNE GOLD

Bereits im klassischen Altertum hatten die Olive und ihr Öl eine besondere Bedeutung. Und nirgendwo ist das Erbe der Olive mehr in die Mythologie und in das tägliche Leben der Bevölkerung eingewoben als in Griechenland, wo die Olive bereits vor 4000 Jahren kultiviert wurde. Homer bezeichnete Olivenöl als flüssiges Gold, und Hippokrates beschrieb Olivenöl bereits als ein wesentliches Therapeutikum.

| Fettsäurenzusammensetzung von Olivenöl | |
|---|---|
| Ölsäure | ca. 66 % |
| Alpha-Linolsäure | ca. 12 % |
| Palmitinsäure | ca. 9 % |

Die Olive ist eine fleischige Steinfrucht mit üppigem Fruchtfleisch. Sie besteht zu 40 bis 50 % aus Wasser und zu 15 bis 40 % aus Öl. Feste Rückstände, wie Zucker, Zellulose, Proteine und Mineralsalze bilden den Rest der Frucht.

Das Olivenöl, das aus den reifen Früchten des Olivenbaumes gewonnen wird, ist ein grünlich-gelbes Speiseöl. Es erstarrt bei Temperaturen um 6 °C und nimmt bei etwa 2 °C eine butterartige Konsistenz an. Reines Olivenöl stellt aufgrund seiner besonders günstigen Fettsäurenzusammensetzung einen wesentlichen Bestandteil der Kreta-Diät dar.

■ Olivenölkategorien

Für die wichtigsten Güteklassen hat die Kommission der EU folgende Bezeichnungen festgelegt.

**Natives Olivenöl extra** stellt die höchste Qualitätsklasse unter den Olivenölsorten dar. Solches Öl darf nicht durch Lösungsmittelextraktion gewonnen worden sein.

**Natives Olivenöl** ist ebenfalls ein gepreßtes Öl, das einen Gehalt an freien Fettsäuren von 2 % nicht überschreiten darf. Es darf nur minimale Geschmacksfehler aufweisen. „Gewöhnliches" natives Olivenöl wird in Deutschland praktisch nicht angeboten.

**Raffiniertes Olivenöl** entsteht durch Raffinieren von Lampantöl, einem in reinem Zustand für den menschlichen Verzehr ungeeigneten Olivenöl mit unangenehmem Geruch. Durch die Raffination von Lampantöl lassen sich Geschmacksfehler beheben. Der Gehalt an freien Fettsäuren liegt dadurch unter 0,5 %.

**Olivenöl** ist ein Verschnitt aus raffinierten und nativen Olivenölen. So darf raffiniertes Olivenöl bereits bei einer Beimengung von 1 % nativem Olivenöl, als „Olivenöl" bezeichnet werden. In der Regel wird jedoch mehr als 15 % natives Olivenöl beigemengt.

■ Olivenöl – medizinisch betrachtet

Olivenöl enthält eine größere Anzahl pharmakologisch interessanter Wirkstoffe, unter anderem Iridoide, welche antimikrobiell bzw. antibiotisch wirksam sind. Daß Olivenöl herzschützende Substanzen enthält, ist unumstritten. Nicht ganz sicher jedoch ist, ähnlich wie beim Wein, welche Stoffe in diesem Zusammenhang verantwortlich sind. Einer jener Stoffe scheint eine Substanz namens Oleuropein zu sein, eine weitere das 2-(3,4-Dihydroxyphenyl)ethanol (DPE).

Im Vordergrund stehen derzeit aber die Alpha-Linolsäure und das als Oxidationshemmer wirkende Vitamin E. Vitamin E, auch Tocopherol genannt, schützt die Zellwände vor schädlichen Angriffen durch sogenannte freie Radikale (Sauerstoffmoleküle).

Je grüner und jünger das Olivenöl ist, desto mehr organische Verbindungen entstehen, welche die Ablagerungen von Cholesterin an den Arterienwänden verhindern bzw. beseitigen und die Bildung von gefährlichen Blutgerinnseln hemmen.

## RAPSÖL

Ähnlich günstige Eigenschaften hat auch das Rapsöl, welches auch zur Herstellung vieler Margarinen verwendet wird. Rapsöl verträgt aufgrund seines hohen Anteils an einfach ungesättigten Fettsäuren Temperaturen bis 200 °C. Es kann daher zum Braten, Backen und Fritieren und für die Zubereitung von Dips, Dressings und Marinaden verwendet werden. Achten Sie auf den Zusatz „aus erster Pressung".

Butter kann durch reine Pflanzenmargarine auf der Basis von Rapsöl ersetzt werden. Der Anteil an einfach ungesättigten Fettsäuren bzw. der Prozentsatz an verwendetem Rapsöl in der Margarine ist entweder auf der Packung angegeben oder ist vom Hersteller zu erfragen. Bisher gibt es auf dem deutschen Lebensmittelmarkt keine Pflanzenmargarine, die eindeutig als Rapsölmargarine deklariert ist. Trotzdem enthalten die meisten reinen Pflanzenmargarinen einen hohen Anteil an Rapsöl, und die Hersteller sind gerne bereit, diesbezüglich Anfragen zu beantworten. Wählen Sie daher als Streichfett stets eine Margarine mit der Aufschrift „reine Pflanzenmargarine".

## WELCHES ÖL FÜR WELCHEN ZWECK?

Bezüglich der Verwendung von raffinierten bzw. kaltgepreßten Ölen gibt es sehr unterschiedliche Meinungen. Vom wissenschaftlichen Standpunkt aus ist der Raffinierungsprozeß nicht unbedingt ein Nachteil. Es kommt dadurch zu keiner Verminderung der für den Körper günstigen Fettsäuren. Weiters bleibt auch das Vitamin E im Öl erhalten. Durch die Raffination werden sogar Pestizide und Schwermetalle entfernt, welche durch Umwelteinflüsse und Anbautechniken in die Ausgangsstoffe kommen.

Bei der Gewinnung von hochwertigen Pflanzenölen aus Hülsen- und Steinfrüchten, die

aus ökologischem Landbau stammen, stellt die Kaltpressung hingegen eine schonende und empfehlenswerte Methode dar. Daher sollten Sie bei kaltgepreßten Pflanzenölen möglichst immer auf Öle aus ökologischem Anbau zurückgreifen.

Vorsicht! Der Begriff „Kaltpressung" kann irreführend sein, da z. B. bei der Erstpressung von Soja- oder Maiskeimöl eine Temperatur von bis zu 60 °C entsteht. Hier erfolgt die Kaltpressung sozusagen unter höheren Temperaturen. Die Naturkosthersteller haben sich deshalb in diesem Zusammenhang auf Begriffe wie „Nativpressung", „Sortenreinheit", „erste Pressung", „nicht extrahiert", „nicht raffiniert" oder „keine Nachbehandlung außer Filtern" geeinigt.

Erwähnenswert ist noch, daß nicht alle nativen Öle zum Braten und Backen geeignet sind. Bei manchen Ölen besteht die Gefahr der Bildung von gesundheitsschädlichen Stoffen wie freien Radikalen und dem giftigen chemischen Stoff Acrolein. Oliven- und Rapsöl eignen sich aber aufgrund ihres hohen Rauchpunktes ganz hervorragend zum Braten, Dünsten und Schmoren.

---

### ZUSAMMENFASSUNG

........................

**Olivenöl und Rapsöl**

*Bereits im klassischen Altertum sowie von den Ärzten aller Jahrhunderte wurde die besondere Bedeutung von Olivenöl für die Gesundheit gelobt. Etwa 15 %–20 % der Frucht bestehen aus Ölen, welche sich auf den Organismus besonders günstig auswirken.*

*Verschiedene Verordnungen der EU sorgen für qualitativ hochwertiges Öl im Handel.*

*Oliven- und Rapsöl können aufgrund ihrer Eigenschaften auch zum Braten und Backen verwendet werden.*

---

## DIE BEDEUTUNG DES WEINES

Vor einigen Jahren hat das sogenannte „French paradoxon" viel Presseaufmerksamkeit erfahren: Franzosen, welche in den klassischen Weinanbaugebieten Médoc und Dordogne leben, haben eine besonders geringe Koronarsterblichkeit, obwohl sie große Mengen an Butter, Fett, Sahne usw. verzehren. Ist es vielleicht doch eine besondere Eigenschaft des dort angebauten Rotweines? Oder hat die Beobachtung mit Ernährung gar nichts zu tun, sondern ist es die genetische Veranlagung der dort lebenden Menschen?

Über die positive Wirkung von in Maßen getrunkenem Wein auf das Herz-Kreislauf-System wurde in den letzten Jahren viel publiziert. Auch haben sehr umfassende Lebensstilstudien an Tausenden von Patienten eindeutig gezeigt, daß der regelmäßige Genuß von geringen Mengen an Wein die Herzinfarktrate senkt und die Lebenserwartung erhöht.

■ Wein – medizinisch betrachtet

Man kennt heute wohl verschiedene Weininhaltsstoffe, welche sich günstig auf Herz und Kreislauf auswirken, dennoch ist umstritten, welcher in diesem Zusammenhang der wesentliche Bestandteil ist. Kürzlich in den USA durchgeführte Untersuchungen haben gezeigt, daß die Traubenschale einen Stoff namens Resveratrol enthält, der die Bildung gefährlicher Blutgerinnsel in Herzkranzgefäßen hemmen kann und darüber hinaus auch entzündungshemmend wirkt. Das Resveratrol ist ein Tyrokinasehemmer und wirkt daher auch als „Tumorunterdrücker". Interessanterweise hat dieser Stoff auch eine Ähnlichkeit mit der Struktur von Diethylstilbestrol, einem synthetischen weiblichen Geschlechtshormon. Weil Östrogene, weibliche Geschlechtshormone, auch einen günstigen Einfluß auf den Cholesterinspiegel und auf die Innenwandauskleidung der Blutgefäße haben, wurde die Vermutung geäußert, daß Resveratrol eine der wirk-

samen Komponenten neben Phenolen und Tanninen im Wein sein könnte.

Gewagt, aber nicht unmöglich ist eine Behauptung, daß der dem Wein als Oxidationsschutz zugesetzte Schwefel, eine sogenannte Antioxidantien-Wirkung haben könnte und dadurch einen Herz-Kreislauf-Schutz bilden könnte.

## ZUSAMMENFASSUNG

..............................

***Die Bedeutung des Weines in der Kreta-Diät***

*Die Bedeutung des Weines für die Gesundheit ist ebenfalls schon seit dem Altertum bekannt. In einer epidemiologischen Untersuchung an 490.000 Amerikanern mittleren Lebensalters zeigte sich, daß mäßiger Alkoholkonsum im mittleren und höheren Lebensalter die Lebenserwartung erhöht.*

*Eine Vielzahl von Weininhaltsstoffen wird für seine günstige Herz-Kreislauf-Wirkung verantwortlich gemacht. Dazu zählen Resveratrol, Phenole und verschiedene Antioxidantien.*

# AUSWIRKUNGEN DER MEDITERRANEN ERNÄHRUNG AUF DIE GESUNDHEIT

## EMPFEHLUNGEN UND MASSNAHMEN

Im Rahmen einer von der Europäischen Union in Rom im April 1997 einberufenen Kommission, welche sich aus Ernährungswissenschaftlern, Herz- und Fettstoffwechselspezialisten, Experten aus dem Gesundheitswesen usw. zusammensetzte, wurde auf die Bedeutung der traditionellen mediterranen Ernährungsweise hingewiesen. In einer Konsensusfeststellung wurde mit Nachdruck darauf hingewiesen, daß es überzeugende Beweise dafür gibt, daß die mediterrane Ernährungsweise, in der Olivenöl die Hauptfettquelle darstellt, zur Vorbeugung gegen koronare Herzkrankheit sowie deren Risikofaktoren beitragen kann.

Es gibt darüber hinaus Hinweise, daß die mediterrane Ernährungsweise eine zusätzlich präventive Rolle gegenüber diversen Krebserkrankungen spielt. Im Konsensuspapier der Kommission werden Gründe und Mechanismen der gesundheitsfördernden Ernährungsweise dargelegt und folgende Maßnahmen an die Regierungen empfohlen:

- Bewahrung der traditionellen mediterranen Ernährungsweise mit Olivenöl in den Ländern, wo sie bereits üblich ist
- Förderung der Umstellung anderer europäischer Länder auf diese mediterrane Kost
- Ermutigung von Lieferanten, Lebensmittelherstellern und Gesundheitsbehörden, Olivenöl im Handel zu integrieren
- Ergänzung nationaler und internationaler Ernährungsempfehlungen um die Empfehlungen der mediterranen Kost

Zielgruppen dieser Informationskampagne sind die Nahrungsmittelindustrie einschließlich der Hersteller, des Handels und der Gastronomie, Regierungen, Gesundheitsbehörden, Schulen, Medien, Multiplikatoren wie Ernährungsfachkräfte und die Ärzteschaft sowie die Endverbraucher.

## EINFLUSS AUF DIE KORONARE HERZERKRANKUNG

Untersuchungen in Grundlagenforschung sowie klinische und epidemiologische Studien an der europäischen und amerikanischen Bevölkerung haben eindeutig erwiesen, daß eine an gesättigten Fettsäuren reiche Ernährung, wie sie bei uns üblich ist, das Auftreten der koronaren Herzkrankheit begünstigt. Eine Ernährungsform, welche allerdings reich an Kohlenhydraten, Ballaststoffen und einfach ungesättigten Fettsäuren ist, senkt den Gehalt des Blutes an gefährlichem LDL-Cholesterin und verringert Häufigkeit, Auftreten und Auswirkungen koronarer Herzkrankheit. Die traditionelle mediterrane Ernährungsform ist die einzige, für die dieser Effekt auch wissenschaftlich nachgewiesen wurde. Sie erfüllt die Anforderungen an eine sinnvolle Prävention dieser Erkrankungen. Zwar konnte durch die medikamentöse Senkung der Blutfette auch die Infarkthäufigkeit verringert werden, jedoch haben Interventionsstudien mit Blutfettsenkern nicht so weitreichende Erfolge gebracht.

## EINFLUSS AUF KREBSERKRANKUNGEN

Epidemiologische Untersuchungen zeigten, daß Dickdarmkrebs in Ländern mit mediterraner Ernährungsweise seltener auftritt als in nordeuropäischen Ländern. Außerdem gibt es wissenschaftliche Hinweise dafür, daß ein hoher Verzehr von Obst und Gemüse, insbesondere in Form von Rohkost, gegen einzelne Krebsarten schützt. In diesem Zusammenhang sind Krebserkrankungen des Verdauungstraktes, der Atemwege und hormonbedingte Tumorerkrankungen besonders hervorzuheben.

## AUSWIRKUNGEN AUF ANDERE KRANKHEITEN

In großen epidemiologischen Studien konnte gezeigt werden, daß die mediterrane Kost einen niedrigeren Blutdruck begünstigt. Außerdem haben interkulturelle Vergleiche und Untersuchungen an Vegetariern ergeben, daß ein hoher Verzehr von komplexen Kohlenhydraten, Ballaststoffen und Früchten bei gleichzeitig verringerter Aufnahme von gesättigten Fettsäuren günstige Auswirkungen auf das Risiko der Entwicklung des Diabetes mellitus haben.

Darüber wirkt sich die mediterrane Diät aufgrund des hohen Gehaltes an Ballaststoffen und des im Durchschnitt geringeren Energiegehaltes günstig auf die Vorbeugung gegen Übergewicht aus.

**Weitere Erklärungen aus dem Konsensuspapier der EU**

*„Die mediterrane Ernährungsweise ist ein hervorragendes Beispiel für eine wohlschmeckende und gesunde Ernährung, die, wenn sie in ihren traditionellen Ländern bewahrt und in den übrigen Ländern Europas gefördert wird, zu einer Verringerung des koronaren Herzkrankheitsrisiko beitragen wird. Dies gilt sowohl für die Primär- als auch für die Sekundärprävention der koronaren Herzkrankheit und auch möglicherweise für Krebserkrankungen, Diabetes mellitus, Übergewicht und Bluthochdruck.*

*Niedergelassene und Krankenhausärzte, Ernährungsberater und Gesundheitsbehörden haben die Pflicht, ihre Patienten über die Möglichkeiten einer gesunden Lebensführung zu beraten.*

*Der Verzicht auf das Zigarettenrauchen, die regelmäßige körperliche Betätigung und die mediterrane Ernährungsweise sind ein sinnvoller Ansatz für alle im gemeinsamen Kampf gegen den Herztod.“*

### ZUSAMMENFASSUNG

**Auswirkungen der mediterranen Ernährung auf die Gesundheit**

*Eine von der EU eingesetzte Kommission hat 1997 in einem Konsensuspapier einerseits die Bewahrung der traditionellen mediterranen Küche in den Mittelmeerländern empfohlen, andererseits die Einführung dieser Ernährungsweise in den mittel- und nordeuropäischen Ländern gefordert.*

*Diese Entscheidung beruht auf dem nachweislich günstigen Effekt dieser Ernährungsweise auf Herz-Kreislauf- und Krebserkrankungen.*

## WER SOLL DER KRETA-DIÄT FOLGEN?

Die hier vorgestellten Ernährungsrichtlinien sind den Eßgewohnheiten der Bevölkerung eines weiten Gebietes von Europa nachempfunden und werden von vielen sicher als äußerst schmackhaft und bekömmlich empfunden. Die Änderung der Ernährungsgewohnheiten ist besonders bei Vorhandensein von Risikofaktoren für das Entstehen einer Gefäßverkalkung bzw. bei bereits vorhandenen Durchblutungsstörungen der Herzkranzgefäße oder nach einem Herzinfarkt sinnvoll. Der größte hier zu nennende Einfluß ist die familiäre Belastung, d. h. eine vererbbare Neigung zur Entstehung von Gefäßschäden. In diesem Fall ist eine Behandlung der eigentlichen Ursache natürlich nicht möglich, sondern lediglich unterstützende Maßnahmen wie genügend Bewegung, das Vermeiden zusätzlicher schädigender Einflüsse wie Zigarettenrauchen und ungünstiger Ernährung usw. Weitere Risikofaktoren, die eine Umstellung des Lebensstils und der Ernährungsgewohnheiten sinnvoll machen, sind ein erhöhter

Bluthochdruck, die Zuckerkrankheit (Diabetes mellitus), Übergewicht, erhöhte Blutfettwerte und ein erhöhter Harnsäurespiegel. Nachdem diese Faktoren in einer überwiegenden Mehrzahl der Fälle ohnehin durch falsches Eßverhalten bedingt sind, kann mit der Kreta-Diät sogar eine ursächliche Behandlung erfolgen. Zusammenfassend kann man sagen, daß prinzipiell **jeder** von dieser Diät profitieren wird. Im speziellen aber Menschen mit einem erhöhten Infarktrisiko, sei es aufgrund familiärer Vorbelastung oder aufgrund von Umweltfaktoren wie Streß etc. Ganz besonders zu empfehlen ist die Kreta-Diät solchen Patienten, die bereits eine koronare Herzkrankheit (Angina pectoris, abgelaufener Herzinfarkt) haben.

### ZUSAMMENFASSUNG

**Wer soll der Kreta-Diät folgen?**

*Prinzipiell wird jeder von dieser Diät profitieren, im speziellen aber Menschen mit einem erhöhten Infarktrisiko, sei es aufgrund familiärer Vorbelastung oder aufgrund von Umweltfaktoren wie Streß.*

*Ganz besonders zu empfehlen ist diese Diät für Patienten, die bereits eine koronare Herzkrankheit (Angina pectoris, abgelaufener Herzinfarkt) haben. Kein Medikament ist bisher gefunden worden, das die Sterblichkeit nach dem Herzinfarkt so günstig beeinflußt wie die Kreta-Diät.*

# Hinweise zu den Rezepten

## Zubereitungszeiten

In diesen Angaben sind sowohl die Vorbereitungszeiten (z. B. Schneiden) als auch die Garzeiten enthalten. Sonderzeiten, z. B. Marinier- oder Kühlzeiten, sind extra ausgewiesen. Alle Zeitangaben beruhen auf durchschnittlichen Erfahrungswerten.

Aufgrund der Beschaffenheit der Zutaten, des Kochgeschirrs oder von Herden und Backöfen können diese Zeitangaben geringfügig von der tatsächlich benötigten Zeit abweichen.

## Zutatenmengen

Wenn nicht anders angegeben, gehen wir bei Obst und Gemüse von ungeputzter Rohware aus. Bei Stückangaben gehen wir von mittleren Größen aus. Tee- und Eßlöffelmengen verstehen sich als gestrichene Maße. Wenn Sie gehackte Kräuter verwenden, wenden Sie folgende Faustregel an: 2 Eßlöffel gehackte Kräuter entsprechen in etwa ½ Bund frischer Kräuter.

## Portionsangaben

Alle Rezepte – bis auf die Brote – sind für 4 Personen berechnet.

## Nährwertangaben

Die Nährwertangaben beziehen sich immer auf 1 Portion. Es handelt sich dabei um gerundete Werte.

## Zubereitungsanweisungen

Das Putzen, Waschen und Schälen von Obst und Gemüse setzen wir voraus. Es ist in der Zubereitungsanweisung nicht mehr extra beschrieben.

## Temperaturangaben

Die Backofentemperaturen in den Rezepten beziehen sich auf einen Elektrobackofen mit Unter- und Oberhitze. Wenn Sie mit Umluft arbeiten, empfiehlt es sich, die Temperatur um 20 °C zu reduzieren.

## Noch ein Wort zu den Ölen

Verwenden Sie möglichst Oliven- und Rapsöl aus ökologischem Anbau. Für die Zubereitung von Salaten, zum Braten oder Fritieren oder zum schonenden Schmoren eignen sich Oliven- und Rapsöl aufgrund ihrer Fettsäurenzusammensetzung besonders gut. Achten Sie auf kaltgepreßte Öle insbesondere dann, wenn sie nicht mehr erhitzt werden, z. B. für die Zubereitung von Salaten.

**Abkürzungen**

| | | |
|---|---|---|
| TL | = | Teelöffel |
| EL | = | Eßlöffel |
| mg | = | Milligramm |
| g | = | Gramm |
| kg | = | Kilogramm |
| Pr. | = | Prise |
| Msp. | = | Messerspitze |
| ml | = | Milliliter (1000 ml = 1 l) |
| cl | = | Centiliter (1 cl = 10 ml, 100 cl = 1 l) |
| l | = | Liter |
| Std. | = | Stunde(n) |
| Min. | = | Minuten |
| ∅ | = | Durchmesser |
| °C | = | Grad Celsius |
| kcal | = | Kilokalorien |
| F | = | Fett |
| E | = | Eiweiß |
| KH | = | Kohlenhydrate |
| BS | = | Ballaststoffe |
| Chol | = | Cholesterin |

Mediterraner Genuss
für ein
gesundes Herz

# Salate und Vorspeisen

## Mediterraner Bauernsalat

Zubereitungszeit: ca. 30 Min.
ca. 212 kcal pro Portion
13 g F/7 g E/14 g KH/
5 g BS/2 mg Chol

*Für 4 Portionen*
1 Kopf Romanasalat
100 g feine grüne Bohnen
4 kleine Kartoffeln
1 gelbe Zucchini
4 längliche Tomaten
Fenchelknolle
2 Stangen Frühlingszwiebeln
1 rote Zwiebel, in Ringe
geschnitten
8 Sardellenfilets
Salz, Pfeffer aus der Mühle
Weißweinessig und Olivenöl
Saft von 1 Limone
½ Bund Basilikum

1. Den Salatkopf vierteln, waschen und sorgfältig trockentupfen. Die Bohnen in siedendem Wasser blanchieren, kalt abschrecken und abtropfen lassen.
2. Die Kartoffeln in der Schale kochen. Ausdämpfen lassen, schälen und längs vierteln. Die Zucchini in dünne Scheiben schneiden.
3. Die Tomaten von den Stielansätzen befreien und quer in Scheiben schneiden. Den Fenchel hauchdünn hobeln,
am besten auf der Aufschnittmaschine. Die Frühlingszwiebeln in Rauten schneiden.
4. Das vorbereitete Gemüse mit dem Romanasalat, den Zwiebeln und je 2 Sardellenfilets anrichten. Mit Salz und Pfeffer aus der Mühle würzen und mit abgezupften Basilikumblättchen garnieren.
5. Essig und Öl sowie Limonensaft bei Tisch nach Belieben auf den Salat träufeln.
(auf dem Foto: oben)
Servieren Sie dazu kleine Fladenbrote (Rezept S. 36).

## Fladenbrot

Zubereitungszeit: ca. 40 Min.
Gehzeit: ca. 1 Std.
ca. 220 kcal pro Fladenbrot
1 g F/8 g E/43 g KH/
9 g BS/0 mg Chol

*Für 8 kleine Fladenbrote*
270 g Roggenvollkornmehl
250 g Weizenvollkornmehl
50 g Sauerteig
½ Würfel frische Hefe
(ca. 20 g)
1 EL Salz
325 ml lauwarmes Wasser
1 Pr. gemahlener Koriander
1 Pr. gemahlener Kümmel

1. Jeweils 250 g Roggen- und Weizenmehl zusammen mit den übrigen Zutaten in der Küchenmaschine etwa 5 Minuten langsam verkneten. Den Teig zugedeckt etwa 30 Minuten gehen lassen.
2. Dann den Teig in 8 gleich große Stücke teilen und diese rund ausrollen. Im restlichen Roggenmehl wälzen und mit der flachen Hand oder mit einem Rundholz zu Fladen von etwa 15 cm Ø formen. Den Backofen auf 220 °C vorheizen.
3. Die Fladen nochmals etwa 15 Minuten zugedeckt gehen lassen. Dann auf der Oberseite mehrmals diagonal einschneiden und im Ofen in etwa 20 Minuten knusprig backen.
(auf dem Foto: unten)

### Tip
*Decken Sie Hefeteig am besten immer mit einem Stück Klarsichtfolie ab. Diese schützt den empfindlichen Teig besser als ein Küchentuch aus Stoff.*

## SALAT VON WEISSEN BOHNEN UND FRÜHLINGS-ZWIEBELN

Zubereitungszeit: ca. 80 Min.
Einweichzeit ca. 8 Std.
ca. 410 kcal pro Portion
26 g F/15 g E/29 g KH/
16 g BS/0 mg Chol

*Für 4 Portionen*
250 g getrocknete weiße
Bohnen
2 Knoblauchzehen
2 Thymianzweige
3 EL Weißweinessig
Salz, Pfeffer, Saft von 1 Zitrone
100 ml Olivenöl
150 g Frühlingszwiebeln
50 g Löwenzahn
2 Tomaten
1 gelbe Paprikaschote
1 EL Kapern
2 Basilikumzweige
1 EL gehackte Petersilie
abgeriebene Schale von
1 Zitrone

**1.** Die Bohnen über Nacht in
kaltem Wasser einweichen.
**2.** Die Knoblauchzehen schälen, 1 Zehe fein hacken. Die
Bohnen mit dem Einweich-
wasser, der ganzen Knob-
lauchzehe, Thymian und
1 Eßlöffel Essig in 60 Minuten weich kochen. Die Gar-
flüssigkeit abgießen und etwa
100 ml auffangen.
**3.** Den Sud mit Salz, Pfeffer
und der gehackten Knob-
lauchzehe verrühren. Zitronensaft sowie 2 Eßlöffel Essig
dazugeben und alles mit dem
Olivenöl verrühren. Die gegarten Bohnen mit diesem
Sud vermengen.
**4.** Die Frühlingszwiebeln und
den Löwenzahn in Ringe
schneiden. Die Tomaten von
den Stielansätzen befreien, in
Streifen schneiden. Die Paprikaschote würfeln.
**5.** Die vorbereiteten Zutaten
mit den Bohnen mischen. Kapern, Basilikum und Petersilie
dazugeben. Zum Schluß den
Salat kräftig mit Salz sowie
Pfeffer abschmecken und mit
der abgeriebenen Zitronen-
schale bestreuen.

## ORANGEN-FENCHEL-SALAT

Zubereitungszeit: ca. 30 Min.
ca. 210 kcal pro Portion
16 g F/3 g E/12 g KH/
5 g BS/0 mg Chol

*Für 4 Portionen*
2 Orangen
300 g Fenchel
Saft von 1½ Zitronen
1 EL gehobelte Mandeln
1 EL gehobelte Haselnüsse
1 TL Honig
Salz, Pfeffer aus der Mühle
2 EL Mandelöl
2 EL Haselnußöl

**1.** Die Orangen mit einem scharfen Messer ringsum großzügig schälen. Die Filets aus den Trennhäuten herausschneiden und den Saft auffangen.

**2.** Von der Fenchelknolle das Fenchelgrün abschneiden. Die Knolle in dünne Scheiben schneiden, am besten auf der Aufschnittmaschine. Die Scheiben in einer flachen Schale ausbreiten und mit etwa 1 Drittel des Zitronensaftes beträufeln.

**3.** Die gehobelten Mandeln und Haselnüsse zusammen in einer trockenen Pfanne vorsichtig rösten.

**4.** Orangensaft, Honig, Salz und Pfeffer miteinander verrühren. Zunächst die beiden Öle darunterrühren, dann den restlichen Zitronensaft.

**5.** Die Fenchelscheiben mit den Orangenfilets und dem Fenchelgrün anrichten. Das Orangendressing darauf träufeln.

**6.** Den Salat zum Schluß mit Salz und Pfeffer aus der Mühle würzen und mit den gerösteten Mandel- und Ha selnußblättchen bestreuen.

### TIP

*Mandeln, Haselnüsse und andere Ölsaaten rösten Sie am besten in einer beschichteten Pfanne ohne Fettzugabe. Wenn Sie größere Mengen rösten möchten, breiten Sie die Nüsse auf einem Backblech aus und rösten sie im Ofen bei etwa 50°C.*

## LAUWARMER RATATOUILLESALAT

Zubereitungszeit: ca. 45 Min.
ca. 210 kcal pro Portion
19 g F/3 g E/6 g KH/
4 g BS/0 mg Chol

*Für 4 Portionen*
100 g gelbe Zucchini
100 g grüne Zucchini
100 g Aubergine
je 100 g rote, grüne und
gelbe Paprikaschoten
2 Fleischtomaten
2 Knoblauchzehen,
in Scheiben geschnitten
6 EL Olivenöl
1 Zwiebel, in Würfel
geschnitten
5 EL Gemüsebrühe
(Grundrezept S. 54 oder aus
Instantpulver hergestellt)
3 EL Tomatensaft
1 EL gehackter Thymian
1 TL gehackter Majoran
2 EL Kräuteressig
Salz
Pfeffer

**1.** Die Zucchini und die Aubergine in Rauten schneiden. Von den Paprikaschoten die Haut mit einem Sparschäler abziehen und die Früchte ebenfalls in gleich große Rauten schneiden.
**2.** Die Tomaten über Kreuz einritzen, kurz überbrühen, abschrecken und enthäuten. Sie dann von den Stielansätzen befreien, halbieren, entkernen und in große Würfel schneiden.

**3.** Im heißen Olivenöl zunächst die Zwiebelwürfel, Knoblauchscheiben, Zucchini- und Auberginenstücke anbraten. Dann Paprika- und Tomatenstücke dazugeben.
**4.** Das Ganze mit Brühe und Tomatensaft ablöschen und einmal aufkochen. Die gehackten Kräuter hinzufügen und das Gemüse mit Essig, Salz und Pfeffer würzen.
**5.** Die Ratatouille in eine Schüssel füllen und etwas abkühlen lassen. Lauwarm servieren.
(auf dem Foto: unten rechts)

## OLIVEN-KNOBLAUCH-BROT

Zubereitungszeit: ca. 1 Std.
Gehzeit: ca. 1 Std.
ca. 650 kcal pro Portion
23 g F/19 g E/92 g KH/
15 g BS/0 mg Chol

*Für 4 Portionen*
½ Würfel frische Hefe
(ca. 20 g)
300 ml lauwarmes Wasser
500 g feingemahlenes
Weizenvollkornmehl
2 TL Meersalz
100 g entsteinte schwarze
Oliven
½ Schalotte, in Würfel
geschnitten
3 EL Olivenöl
2 Knoblauchzehen,
fein gehackt
1 EL gehackte Petersilie
100 g Haferflocken

**1.** Die Hefe in dem Wasser auflösen. Mit Mehl und Salz zu einem geschmeidigen Teig verkneten und zugedeckt etwa 20 Minuten gehen lassen.
**2.** Die Oliven vierteln. Zusammen mit den Schalottenwürfeln in 2 Eßlöffeln Olivenöl andünsten.
**3.** Den Knoblauch mit der Petersilie zu den Oliven geben und leicht abkühlen lassen. Dann unter den aufgegangenen Hefeteig kneten.
**4.** Den Teil halbieren und auf bemehlter Arbeitsfläche zu länglichen Rollen formen. Den Backofen auf 220 °C vorheizen.
**5.** Mit dem restlichen Öl 2 Dachrinnenformen oder 2 Kastenformen (26 cm lang) einfetten. Die Teigrollen in den Haferflocken wälzen und in die Formen legen.
**6.** Nochmals zugedeckt etwa 30 Minuten gehen lassen. Danach die Brote zunächst etwa 10 Minuten bei 220 °C, dann etwa 20 Minuten bei 200 °C backen.
(auf dem Foto: unten links)

## ARTISCHOCKEN-SALAT MIT PARMESAN

Zubereitungszeit: ca. 20 Min.
Marinierzeit: ca. 30 Min.
ca. 370 kcal pro Portion
36 g F/8 g E/5 g KH/
15 g BS/9 mg Chol

*Für 4 Portionen*
1 Schalotte, in Würfel
geschnitten
80 g Rapsöl
1 TL gehackter Thymian
100 ml Geflügelfond
(aus dem Glas)
2 EL Weißweinessig
1 EL Zitronensaft
4 EL Olivenöl
8 kleine junge Artischocken
Salz, Pfeffer
50 g Parmesan am Stück

**1.** Die Schalottenwürfel in
2 Eßlöffeln heißem Rapsöl
glasig dünsten. Den Thymian
dazugeben und den Geflügelfond angießen.
**2.** Den Ansatz offen auf etwa
1 Drittel einkochen. Leicht
abkühlen lassen und dann
mit Weißweinessig, Zitronensaft, dem restlichen Rapsöl
und dem Olivenöl zu einer
Vinaigrette verrühren.
**3.** Die Stiele der Artischocken
abbrechen und mit einer
Schere die Blattspitzen kurz-
schneiden. Die Früchte hori-
zontal mit einem scharfen
Messer oder auf der Auf-
schnittmaschine in dünne
Scheiben schneiden.
**4.** Die Artischockenscheiben
sofort auf 4 Tellern verteilen

und mit der Vinaigrette beträufeln. Salzen, pfeffern und
ungefähr 30 Minuten ziehen
lassen.
**5.** Vor dem Servieren den
Parmesan hauchdünn auf die
Artischocken hobeln.
(auf dem Foto: oben)

### TIP
*Reichen Sie dazu gebratenes
Bauernbrot. Braten Sie die
Scheiben zusammen mit 2 grob
gehackten Knoblauchzehen
und einigen Thymianzweigen in
Olivenöl knusprig an.*

## MARINIERTES GEMÜSE IN LIMONENÖL-VINAIGRETTE

Zubereitungszeit: ca. 1 ½ Std.
Marinierzeit: ca. 8 Std.
ca. 840 kcal pro Portion
85 g F/4 g E/14 g KH/
14 g BS/0 mg Chol

*Für 4 Portionen*
**Für die Limonenölvinaigrette**
2 Schalotten
Schale und Saft von
2 Limonen
5 EL Weißweinessig
5 EL Balsamicoessig
300 ml Limonenöl
(siehe Tip S. 42)
Salz, Pfeffer

**Für das Gemüse**
1 rote Paprikaschote
1 gelbe Paprikaschote
1 grüne Paprikaschote
1 grüne Zucchini
1 gelbe Zucchini
1 Aubergine
2 Knoblauchzehen,
grob gehackt
Salz, Pfeffer
3 EL Olivenöl
2 Thymianzweige
2 Rosmarinzweige
2 Lorbeerblätter
2 Limonen
2 TL gehackte Petersilie
1 TL gehackter Thymian

**1.** Die Schalotten in feine Streifen schneiden. Die Limonenschalen in feine Streifen schneiden. Beides mit dem Limonensaft und den beiden Essigsorten verrühren.
**2.** Das Limonenöl nach und nach langsam darunterrühren. Die Vinaigrette zum Schluß mit Salz und Pfeffer abschmecken. Den Backofen auf 200 °C vorheizen.
**3.** Die Paprikaschoten halbieren, entkernen und in Streifen schneiden. Zucchini und Aubergine in etwa ½ cm dikke Scheiben schneiden.
**4.** Die Gemüsestücke auf einem mit Backpapier ausgelegten Backblech verteilen. Die Gemüsemischung mit Knoblauch, Salz und Pfeffer würzen. Das Olivenöl darauf träufeln und mit den Kräuterzweigen sowie den Lorbeerblättern bedecken. Im Ofen etwa 20 Minuten backen.
**5.** Das gebackene Gemüse abkühlen lassen und in eine tiefe Form legen. Das Ganze mit der Limonenölvinaigrette übergießen und mindestens 8 Stunden, am besten über Nacht, durchziehen lassen.
**6.** Kurz vor dem Servieren die Limonen schälen und die Filets aus den Trennhäuten herausschneiden. Die Kräuterzweige und die Lorbeerblätter aus dem marinierten Gemüse nehmen.

**7.** Die Gemüsemischung mit den Limonenfilets, gehackter Petersilie und Thymian dekorativ anrichten.

### TIPS

■ *Limonenöl erhalten Sie in gut sortierten Lebensmittelgeschäften. Sie können es aber auch ganz einfach selber herstellen. Dazu die Schalen von 4 Limonen mit einem Sparschäler oder Zestenreißer abziehen und diese mit ½ l Olivenoder Rapsöl aufgießen. Füllen Sie das Öl in Flaschen ab, und lagern Sie es an einem dunklen Ort. Bereits nach 2 bis 3 Tagen haben die Limonenschalen ihr Aroma entfaltet.*
■ *Die marinierten Paprikaschoten bekommen einen zarteren Geschmack, wenn sie zuvor gehäutet werden. Legen Sie sie dazu für etwa 10 Minuten unter den Backofengrill bei etwa 300°C.*

## KALBSFILET-CARPACCIO MIT SENFVINAIGRETTE UND PECORINO

Zubereitungszeit: ca. 30 Min.
Gefrierzeit: ca. 2 Std.
ca. 230 kcal pro Portion
18 g F/15 g E/3 g KH/
0 g BS/44 mg Chol

*Für 4 Portionen*
200 g Kalbsfilet (Mittelstück;
vom Metzger von allen Häuten und Sehnen befreit)
3 EL Zitronensaft
3 EL Olivenöl
1 EL Knoblauchöl
(Rezept S. 46)
1 EL grober Senf
(z. B. Pommery-Senf)
Salz und Pfeffer aus der
Mühle

1 Tomate
2 braune Champignons
1 Kerbelzweig
50 g reifer Pecorino am Stück

**1.** Das Kalbsfilet in Klarsichtfolie einpacken und im Tief-
kühlgerät leicht anfrieren
lassen.
**2.** Zitronensaft, Senf sowie
Salz und Pfeffer verrühren.
Dann die beiden Öle dazugießen und alles zu einer sämi-
gen Sauce verrühren.
**3.** Die Tomate über Kreuz
einritzen, kurz überbrühen,
abschrecken und enthäuten.
Sie vom Stielansatz befreien,
halbieren, entkernen und in
kleine Würfel schneiden.

**4.** Die Champignons vorsichtig abreiben und in dünne
Scheiben hobeln.
**5.** Das Fleisch in hauchdünne
Scheiben schneiden, am besten auf der Aufschnittmaschine oder mit dem elektrischen Messer.
**6.** Einen großen Teller mit
Salz und Pfeffer aus der
Mühle bestreuen. Die Kalbs-
filetscheiben darauf ausbreiten. Tomatenwürfel und
Champignonscheiben darauf
verteilen.
**7.** Das Ganze mit der Senfvi-
naigrette beträufeln und mit
dem Kerbel garnieren. Bei
Tisch den Pecorino darüber
hobeln.

## PAPRIKASCHOTEN MIT MANDELSAUCE

Zubereitungszeit: ca. 1 Std.
ca. 840 kcal pro Portion
60 g F/26 g E/49 g KH/
15 g BS/76 mg Chol

*Für 4 Portionen*

**Für die Mandelsauce**
2 Knoblauchzehen
300 g rote Paprikaschoten
50 g gemahlene Mandeln
(geröstet), 2 EL Olivenöl
Salz, Pfeffer

**Für die Paprikaschoten**
8 kleine rote Paprikaschoten
1 Knoblauchzehe
200 g Schafskäse
1 Eigelb, Salz, Pfeffer
1 EL geh. Zitronenthymian
100 g Mehl, 2 Eiweiß

100 g Semmelbrösel
80 g Sesamsamen
100 ml Olivenöl
2 Thymian-, 1 Rosmarinzweig

1. Knoblauchzehen und Paprikaschoten für die Sauce im Ofen bei 120 °C 45 Minuten weich dünsten.
2. Die Paprikaschoten von Stielen, Häuten und Kernen befreien. Das Fruchtfleisch mitsamt dem ausgetretenen Saft und dem Knoblauch fein pürieren.
3. Die Mandeln und das Olivenöl unter das pürierte Gemüse rühren. Die Sauce kühl stellen.
4. Von den Paprikaschoten die Deckel abschneiden. Die Schoten putzen, auswaschen und abtrocknen. Den Knoblauch durchpressen.
5. Den Schafskäse zerbröseln und mit dem Eigelb, 1 Messerspitze Knoblauch sowie den Gewürzen verkneten.
6. Die Schoten mit der Masse füllen. Deckel wieder aufsetzen.
7. Die gefüllten Schoten im Mehl wenden, durch die verquirlten Eiweiße ziehen und mit den Semmelbröseln und den Sesamsamen panieren. Diesen Vorgang einmal wiederholen.
8. Das Olivenöl mit Knoblauch erhitzen. Die panierten Paprikaschoten darin knusprig ausbacken.
9. Die Paprikaschoten mit der Mandelsauce anrichten.

# BUNTE CROSTINI

Zubereitungszeit: ca. 1 Std.
Kühlzeit: 2–3 Std.
ca. 550 kcal pro Portion
47 g F/6 g E/28 g KH/
5 g BS/0 mg Chol

*Für 4 Portionen*
**Für das Knoblauchöl**
**(Grundrezept)**
2 Knoblauchzehen
100 ml Olivenöl

**Für die Auberginen-Crostini**
1 EL Pinienkerne
200 g Aubergine
1 kleine rote Zwiebel
4 EL Rapsöl
1 Knoblauchzehe, gehackt
4 Salbeiblätter,
fein geschnitten
8 EL Tomatensaft
1 EL Kräuteressig
Salz, Pfeffer

**Für die Frühlingszwiebel-Crostini**
2 Stangen Frühlingszwiebeln
1 rote Chilischote, in Würfel
geschnitten
2 EL Limonenöl (Tip S. 42)
Salz
2 EL Limonensaft
1 Pr. Zucker
1 EL gehackte glatte Petersilie

**Außerdem**
6 gleichmäßige Scheiben
Baguette (ca. 2 cm dick)

**1.** Den Knoblauch zusammen mit dem Olivenöl im Mixer fein pürieren. Beiseite stellen.
**2.** Für den Auberginenaufstrich die Pinienkerne in einer trockenen Pfanne rösten. Abkühlen lassen und hacken.
**3.** Die Aubergine und die Zwiebel würfeln und im heißen Öl kräftig anbraten.
**4.** Den Knoblauch mit den Salbeiblättern zu den Auberginenwürfeln geben. Mit Tomatensaft und Kräuteressig ablöschen, salzen und pfeffern und mit den gehackten Pinienkernen vermengen. Zum Marinieren 2 bis 3 Stunden kühl stellen.
**5.** Für den Frühlingszwiebelaufstrich die Frühlingszwiebeln in Ringe schneiden. Die Chilischote entkernen und fein würfeln.
**6.** Zunächst die Frühlingszwiebeln im Limonenöl glasig dünsten, dann die Chiliwürfel dazugeben. Alles mit etwas Salz und Limonensaft sowie dem Zucker abschmecken und mit der gehackten Petersilie vermengen. Zum Durchziehen 2 bis 3 Stunden kühl stellen.
**7.** Von dem Knoblauchöl 2 Eßlöffel in einer großen Pfanne erhitzen und darin die Baguettescheiben portionsweise von beiden Seiten goldgelb braten.
**8.** Jeweils 3 Baguettescheiben mit den Belägen belegen.
(auf dem Foto: links)

## VARIATIONEN

■ *Für Crostini mit Ricotta und Parmaschinken verrühren Sie 100 g Ricotta mit 2 Eßlöffeln Milch. Dann 2 kleingeschnittene Bärlauchblätter daruntermengen und die Masse mit Salz und Pfeffer abschmecken. Bestreichen Sie je 3 geröstete Baguettescheiben dünn mit der Ricottacreme und belegen Sie das Ganze mit hauchdünn geschnittenen Scheiben Parmaschinken. Mit Kerbel garnieren.*

■ *Lassen Sie sich auch einmal Crostini mit Tomaten schmekken: Dazu 2 Fleischtomaten in grobe Stücke schneiden. 1 Eßlöffel Schalottenwürfel in etwas Olivenöl glasig dünsten und mit 1 Teelöffel Weißweinessig ablöschen. Die Tomatenstücke darunterheben und das Ganze mit gehackter glatter Petersilie sowie Salz und Pfeffer würzen. Vor dem Verzehr 2 bis 3 Stunden durchziehen lassen.*

## EINGELEGTE SARDINEN

Zubereitungszeit: ca. 45 Min.
Kühlzeit: 6–7 Std.
ca. 420 kcal pro Portion
35 g F/24 g E/3 g KH/
1 g BS/19 mg Chol

*Für 4 Portionen*
750 g frische Sardinen
100 g Schalotten
125 ml Weißweinessig
250 ml Wasser
6 Knoblauchzehen
½ Bund Petersilie
grobes Salz und Pfeffer
1 Lorbeerblatt
Schale und Saft von 1 Zitrone
300 ml Olivenöl

**1.** Die Sardinen ausnehmen und unter fließendem Wasser gründlich waschen. Die Köpfe abtrennen und die Mittelgräte vorsichtig abziehen. Die so entstandenen Doppelfilets unter fließendem Wasser etwa 30 Minuten wässern.
**2.** Inzwischen die Schalotten fein würfeln. Sie mit Essig und Wasser einmal aufkochen und dann abkühlen lassen.
**3.** Die Sardinenfilets gut abtrocknen und in eine kleine flache Schüssel legen. Mit dem Essigsud übergießen und für 4 bis 5 Stunden in den Kühlschrank stellen.
**4.** Danach die Marinade abgießen und die Sardinen trockentupfen. Wieder zurück in die Schüssel legen.

**5.** Den Knoblauch in kleine Stücke schneiden. Die Petersilie fein hacken. Beides miteinander vermengen und auf die Sardinenfilets streuen. Alles mit grobem Salz und Pfeffer würzen. Das Lorbeerblatt dazugeben.
**6.** Die Zitronenschale fein hacken und zusammen mit dem Saft auf den Sardinen verteilen. Abschließend das Ganze mit dem Olivenöl begießen und für weitere 2 Stunden kühl stellen. Vor dem Servieren das Lorbeerblatt entfernen.
Reichen Sie dazu Bauernbrot oder Chiabattabrötchen und außerdem einen gemischten Blattsalat.
(auf dem Foto: rechts)

# SUPPEN

## BOUILLABAISSE

Zubereitungszeit: ca. 1 Std.
ca. 810 kcal pro Portion
34 g F/60 g E/58 g KH/
6 g BS/85 mg Chol

*Für 4 Portionen*
1,5 kg verschiedene Mittel-
meerfische à 200–300 g
(z. B. Knurrhahn, Seeteufel,
Dorade)
4 Tomaten
100 g Schalotten, in Würfel
geschnitten
150 g Staudensellerie, in
Scheiben geschnitten
100 g Fenchel, in Streifen
geschnitten
10 Safranfäden
3 EL Olivenöl
4 EL Vermouth
(z. B. Noilly Prat)
Salz, Pfeffer
1 Knoblauchzehe, gehackt
1 Lorbeerblatt, zerkleinert
3 EL gehackte Petersilie
1 l Fischfond (aus dem Glas)
20 kleine Scheiben Baguette
2 EL Knoblauchöl
(Rezept S. 46)
1 EL gehackter Thymian

**1.** Die ganzen Fische gründlich auswaschen und schuppen, filetieren und die Steh-
gräten herausziehen.
**2.** Die Tomaten über Kreuz
einritzen, kurz überbrühen,
abschrecken und enthäuten.
Sie dann von den Stielansätzen befreien, vierteln und
entkernen.
**3.** In einem mittelgroßen Topf
Schalotten, Staudensellerie
und Fenchel mit den Safranfäden im heißen Olivenöl glasig dünsten. Dann mit Vermouth ablöschen und einmal
aufkochen. Den Topf vom
Herd nehmen.
**4.** Die Tomatenviertel zu dem
gedünsteten Gemüse geben.
Die Fischfilets darauf verteilen. Gewürze, Knoblauch und
Kräuter, bis auf 1 Eßlöffel Petersilie dazugeben. Alles mit
dem Fischfond auffüllen.
**5.** Die Fischfilets bei schwacher Hitze im geschlossenen
Topf ungefähr 10 Minuten
dämpfen.
**6.** Währenddessen die Brotscheiben in dem Knoblauchöl
mit Thymian und Petersilie
knusprig rösten. Eine große
Suppenschüssel oder 4 Sup-
penteller damit auslegen. Die
Fischfilets vorsichtig darauf
setzen und mit der Suppe
übergießen.

## VARIATIONEN
■ *Wenn Ihnen die Vorbereitung
der ganzen Fische zu aufwen-
dig ist, können Sie für diese
Fischsuppe auch 600 g Fisch-
filet verschiedener Fischsorten
verwenden.*
■ *Statt der in der Zutatenliste
genannten Fischsorten eignen
sich auch Meeräsche, Meeraal,
Rotbarbe und Seebarsch.*

## KALTE TOSKANISCHE GEMÜSESUPPE

Zubereitungszeit: ca. 45 Min.
Kühlzeit: ca. 30 Min.
ca. 250 kcal pro Portion
17 g F/5 g E/19 g KH/
6 g BS/0 mg Chol

*Für 4 Portionen*
50 g Makkaroni
(roh gewogen)
Salz
½ grüne Paprikaschote
½ rote Paprikaschote
½ gelbe Paprikaschote
600 g Tomaten
1 St. Salatgurke (ca. 300 g)
100 ml Gemüsebrühe
(Grundrezept S. 54 oder aus
Instantpulver hergestellt)
16 schwarze entsteinte Oliven
50 g feine grüne Bohnen
2 Knoblauchzehen, gehackt
9 Basilikumblätter
3 EL Olivenöl
schwarzer Pfeffer
etwas Limonensaft

**1.** Die Makkaroni in kleine
Stücke brechen und in reichlich sprudelndem Salzwasser
weich kochen. Anschließend
mit kaltem Wasser abschrek-
ken und auf einem Sieb abtropfen lassen.
**2.** Die Paprikaschoten auf der
Hautseite unter dem Grill anbraten und in heißem Zu-
stand enthäuten. Von jeder
Paprikasorte 1 Viertel in feine, den Rest in grobe Würfel
schneiden.

**3.** Die Tomaten über Kreuz
einritzen, kurz überbrühen,
abschrecken und enthäuten.
Sie dann von den Stielansätzen befreien, vierteln und
entkernen. Die geschälte
Salatgurke der Länge nach
halbieren und ebenfalls entkernen.
**4.** Die Kerngehäuse von Tomaten und Gurken zusam-
men mit der Gemüsebrühe
im Mixer zerkleinern. Die
Flüssigkeit durch ein Sieb
gießen und auffangen.
**5.** Gurke und Tomaten in
grobe Stücke schneiden. Die
Oliven vierteln.
**6.** Die grünen Bohnen in feine Streifen schneiden und in
siedendem Wasser blanchieren. Abschrecken und abtropfen lassen.
**7.** Die großen Paprikastücke
sowie die Gurken- und Tomatenwürfel mit Knoblauch,
5 Basilikumblättern, Olivenöl
und etwa 400 ml Tomaten-
Gurken-Brühe im Mixer pü-
rieren. Salzen, pfeffern und
den Geschmack mit etwas
Limonensaft abrunden.
**8.** Die Makkaroni, die kleinen
Paprikastücke sowie die Boh-
nenstreifen in die Suppe geben und nochmals mit Salz
und Pfeffer nachwürzen.
**9.** Die Suppe vor dem Servieren für etwa 30 Minuten kühl
stellen.
Mit den Olivenstückchen und
Basilikumblättern garnieren.
(auf dem Foto: oben)

## GURKENSUPPE

Zubereitungszeit: ca. 30 Min.
ca. 300 kcal pro Portion
15 g F/7 g E/34 g KH/
3 g BS/5 mg Chol

*Für 4 Portionen*
1 Salatgurke
50 g Schalottenwürfel
4 EL Rapsöl, 1 EL Zucker
300 ml Geflügelbrühe
1 Spritzer Tabasco
1 Msp. Knoblauchsalz
Salz, Pfeffer, 150 g Joghurt
8 Scheiben Baguette
50 g rote Paprikaschote, in
Würfel geschnitten
1 EL gehackte Petersilie

**1.** Die Salatgurke längs halbieren und entkernen. Die
Hälften in dünne Scheiben
schneiden. 2 Eßlöffel beiseite
stellen.
**2.** Die Schalottenwürfel in
2 Eßlöffeln heißem Rapsöl
glasig dünsten. Die Gurken-
scheiben dazugeben, alles mit
Zucker bestreuen und leicht
karamelisieren lassen. Mit der
Brühe ablöschen.
**3.** Das Ganze mit den Gewürzen im Mixer pürieren. Den
Joghurt darunterrühren.
**4.** Die Baguettescheiben im
restlichen Öl knusprig rösten.
Paprika und Petersilie dazugeben, salzen und pfeffern.
**5.** Die gekühlte Gurkensuppe
auf 4 Tassen verteilen. Je
2 Brotscheiben hineingeben
und servieren.
(auf dem Foto: unten)

## ESSENZ VON TOMATEN UND PAPRIKA MIT KÄSENOCKEN

Zubereitungszeit: ca. 90 Min.
ca. 930 kcal pro Portion
61 g F/38 g E/60 g KH/
10 g BS/121 mg Chol

*Für 4 Portionen*

**Für die Essenz**

500 g Tomaten
500 g rote Paprikaschoten
4 EL Olivenöl
1 Knoblauchzehe, gehackt
100 g Zwiebeln, in Würfel
geschnitten
2 Lorbeerblätter
1 TL schwarze Pfefferkörner
1 EL Tomatenmark
1 EL Honig
250 ml Tomatensaft
1,5 l Gemüsebrühe
(Grundrezept S. 54 oder aus
Instantpulver hergestellt)
Salz, schwarzer Pfeffer
einige Eiswürfel
300 g Rinderhesse (Wade)
4 EL gehacktes Basilikum
1 EL gehackter Thymian
1 EL Salbeiblättchen
4 Eiweiß

**Für die Käsenocken**

25 ml Milch
15 g reine Pflanzenmargarine
Salz
20 g Mehl
1 Eigelb
100 g Ricotta
1 TL gehackter Thymian

**1.** Die Tomaten von den Stielansätzen befreien und ebenso wie die Paprikaschoten in kleine Stücke schneiden. Je ein kleines Stück für die Garnitur kleinwürfeln.

**2.** Von dem Olivenöl 2 Eßlöffel in einem Topf erwärmen. Darin Knoblauch, Zwiebelwürfel, Lorbeerblätter, Pfefferkörner, Tomatenmark und Honig andünsten.

**3.** Die kleinen Paprika- und Tomatenstücke dazugeben und ebenfalls andünsten. Mit Tomatensaft und Gemüsebrühe auffüllen, salzen und pfeffern. Einmal aufkochen und etwa 40 Minuten sieden lassen.

**4.** Den Sud in einen kalten Topf gießen und diesen zum Abkühlen in eine mit Eiswürfeln gefüllte Schüssel stellen.

**5.** Das Rindfleisch durch den Fleischwolf drehen. Mit einigen Eiswürfeln, den gehackten Kräutern, bis auf einige Basilikumblättchen, den Eiweißen sowie Salz und Pfeffer vermischen.

**6.** Den abgekühlten Tomatensud mit dem Rindfleischkläransatz mischen und gründlich durchrühren. Diese Flüssigkeit auf dem Herd langsam erhitzen, dabei vorsichtig umrühren. Einmal kurz aufkochen und bei schwacher Hitze 25 Minuten ziehen lassen.

**7.** Dann die Brühe durch ein feinmaschiges Tuch passieren. Anschließend die Tomaten-Paprika-Brühe im geöffneten Topf bei schwacher Hitze auf 1 l einkochen.

**8.** Für die Käsenocken die Milch mit der Margarine und etwas Salz erwärmen. Das Mehl hineinrühren und das Ganze in 1 bis 2 Minuten zu einem glatten Kloß verarbeiten, bis sich am Topfboden ein weißer Belag bildet.

**9.** Die Brandmasse in eine Schüssel füllen und das Eigelb darunterrühren. Den Ricotta durch ein feinmaschiges Sieb streichen und mit dem Thymian unter den Teig kneten. Für etwa 10 Minuten kühl stellen.

**10.** Danach aus dem Teig mit einem Teelöffel kleine Nocken abstechen. In reichlich siedendem Salzwasser 2 bis 3 Minuten garen, bis sie an die Oberfläche steigen.

**11.** Die Käsenocken in die warme Tomaten-Paprika-Essend geben. Den Geschmack mit 2 Eßlöffeln Olivenöl und frisch gemahlenem Pfeffer abrunden. Das Ganze mit Paprika- und Tomatenwürfeln sowie den restlichen Basilikum garnieren.

(auf dem Foto: oben)

## KAROTTEN-
## CREMESUPPE

Zubereitungszeit: ca. 1 Std.
ca. 240 kcal pro Portion
18 g F/4 g E/17 g KH/
5 g BS/9 mg Chol

*Für 4 Portionen*
700 g kleine Karotten
150 g Schalotten
4 EL Haselnußöl
1–2 EL Honig
700 ml Gemüsebrühe
(Grundrezept S. 54 oder aus
Instantpulver hergestellt)
Salz, weißer Pfeffer
250 g Joghurt
1 Kerbelzweig

**1.** Die gründlich abgebürsteten Karotten ebenso wie die Schalotten in feine Scheiben schneiden. Beides im heißen Haselnußöl glasig dünsten.
**2.** Den Honig dazugeben und mit der Brühe ablöschen. Die Möhren bei schwacher Hitze im geschlossenen Topf in etwa 30 Minuten weich kochen. Salzen und pfeffern.
**3.** Den Topfinhalt sofort fein pürieren. Danach etwa 200 g Joghurt daruntermixen. Mit Salz, Pfeffer und etwas Honig nachwürzen.
**4.** Die Karottencremesuppe in 4 tiefe Teller geben und mit je einem Klecks Joghurt sowie etwas Kerbel anrichten. (auf dem Foto: unten)

TIP
*Als Garnitur eignen sich leicht geröstete Mandelblättchen.*

VARIATION
*Reduzieren Sie die Möhren auf 200 g, und ersetzen Sie den Rest durch Äpfel. Die Suppe können Sie zum Servieren auf getrockneten Apfelscheiben anrichten.*

# GEMÜSEKRAFT-BRÜHE MIT POLENTASTRUDEL

Zubereitungszeit: ca. 90 Min.
Kühlzeit: ca. 4 Std.
ca. 430 kcal pro Portion
28 g F/12 g E/31 g KH/
8 g BS/11 mg Chol

*Für 4 Portionen*
**Für die Gemüsebrühe**
**(Grundrezept)**
100 g Karotten
100 g Petersilienwurzel
100 g Staudensellerie
3 Stangen junger Lauch
1 rote Paprikaschote
2 Tomaten
2 Schalotten
2 Knoblauchzehen, gehackt
4 EL Olivenöl
1 Kräutersträußchen
(z. B. 1 Lorbeerblatt und
2 Thymianzweige)
1,5 l Wasser
Salz, Pfeffer
150 g Gemüsewürfel (z. B.
Knollen- und Staudensellerie,
Petersilienwurzel, Lauch)
2 Basilikumzweige

**Für den Polentastrudel**
2 Knoblauchzehen
125 ml Geflügelbrühe
125 ml Milch
Salz
Pfeffer
ger. Muskatnuß
100 g Maisgrieß
40 g ger. Parmesan
30 g Basilikumblätter
3 EL Olivenöl
1 EL gehackte Pinienkerne

**1.** Für den Polentastrudel
1 Knoblauchzehe fein hacken,
die andere durch die Presse
drücken und beiseite stellen.
**2.** Geflügelbrühe und Milch
mit Salz, Pfeffer und Muskat
sowie der gehackten Knoblauchzehe aufkochen.
**3.** Den Maisgrieß einrieseln
lassen und die Hitze reduzieren. Den Grieß unter ständigem Rühren in etwa 15 Minuten ausquellen lassen.
**4.** Die Grießmasse in eine
Schüssel geben und 2 Eßlöffel Parmesan sorgfältig einarbeiten. Den Teil zwischen
2 Lagen Klarsichtfolie zu
einer Platte von etwa ½ cm
Dicke ausrollen.
**5.** Die Basilikumblätter mit
dem Olivenöl im Mixer pürieren. Die Pinienkerne und den
restlichen Parmesan dazugeben. Das Kräuterpüree mit
Salz, Pfeffer und durchgepreßtem Knoblauch nach
Geschmack würzen.
**6.** Die Kräuterpaste gleichmäßig auf dem Maisgrießteig
verteilen. Den Teig wie einen
Strudel aufrollen und in Klarsichtfolie eingewickelt im
Kühlschrank etwa 4 Stunden
ruhen lassen.
**7.** Für die Gemüsebrühe
Karotten, Petersilienwurzel,
Staudensellerie und Lauch in
dünne Scheiben schneiden.
Die Paprikaschote in Streifen
schneiden. Die Tomaten von
den Stielansätzen befreien,
entkernen und vierteln.

**8.** Die Schalotten in feine
Streifen schneiden. Zusammen mit dem Knoblauch in
2 Eßlöffeln heißem Olivenöl
glasig dünsten.
**9.** Karotten-, Petersilienwurzel- und Staudenselleriescheiben in den Topf geben und
ebenfalls kurz andünsten.
**10.** Dann das restliche vorbereitete Gemüse sowie das
Kräutersträußchen hinzufügen. Mit dem Wasser auffüllen. Einmal aufkochen und
offen bei schwacher Hitze etwa 30 Minuten offen köcheln
lassen.
**11.** Die Brühe anschließend
durch ein Tuch in einen anderen Topf passieren. Diesen
Gemüsefond offen auf etwa
die Hälfte einkochen. Salzen
und pfeffern.
**12.** Aus dem gekühlten Strudel kleine Scheiben von 1 bis
1 ½ cm Dicke schneiden und
diese in der heißen Gemüsebrühe erwärmen.
**13.** Zum Schluß die Suppe
mit den Gemüsewürfelchen
und einigen Basilikumblättern garnieren.

TIP
*Das Kräutersträußchen (Bouquet garni) können Sie beliebig
zusammenstellen. Zum Beispiel
eignen sich Pimpinelle, Majoran, junger Lauch, Petersilie
und Liebstöckel.*

## KICHERERBSEN-SUPPE MIT MANGOLD UND TOMATEN

Zubereitungszeit: ca. 1 Std.
Einweichzeit: ca. 8 Std.
ca. 540 kcal pro Portion
25 g F/21 g E/55 g KH/
17 g BS/0 mg Chol

*Für 4 Portionen*
400 g Kichererbsen
100 g Petersilienwurzel
200 g Karotten
4 Schalotten
4 EL Olivenöl
1 ½ Knoblauchzehen, gehackt
1 Kräutersträußchen
(z. B. 1 Lorbeerblatt und
2 Thymianzweige)
1 ½ l Gemüsebrühe
(Grundrezept S. 54 oder aus
Instantpulver hergestellt)

2 Tomaten
80 g Mangoldblätter
Salz, Pfeffer
ger. Muskatnuß
1 Thymianzweig

**1.** Die Kichererbsen mit reichlich Wasser bedeckt über Nacht einweichen. Am nächsten Tag die Kichererbsen mit heißem Wasser abspülen.
**2.** Das Gemüse und die Schalotten in Scheiben schneiden. In 3 Eßlöffeln Olivenöl glasig dünsten.
**3.** Die Kichererbsen sowie die Hälfte des Knoblauchs und das Kräutersträußchen dazugeben. Die Gemüsebrühe angießen und die Kichererbsen im geschlossenen Topf bei schwacher Hitze etwa 30 Minuten garen.

**4.** Die Tomaten über Kreuz einritzen, kurz überbrühen, abschrecken und enthäuten. Sie dann von den Stielansätzen befreien, achteln und entkernen.
**5.** Die Mangoldblätter in Streifen schneiden. Das Kräutersträußchen aus der Suppe herausnehmen. Nun den Mangold zu den Kichererbsen geben. Das Ganze salzen, pfeffern und mit Muskat sowie Knoblauch nach Geschmack würzen.
**6.** Die Tomatenachtel hinzufügen und die Suppe weitere 10 Minuten köcheln lassen. Die Kichererbsensuppe kurz vor dem Servieren mit dem restlichen Olivenöl beträufeln und mit einigen Thymianblättchen garnieren.

## SALATSCHAUM-SUPPE MIT ERBSEN

Zubereitungszeit: ca. 30 Min.
ca. 260 kcal pro Portion
21 g F/6 g E/10 g KH/
3 g BS/23 mg Chol

*Für 4 Portionen*
100 g gepalte Erbsen (frisch
oder TK-Ware)
1 Kopf Romanasalat
100 g Zwiebeln
3 EL Rapsöl
100 ml Weißwein
1 l Geflügel- oder Gemüsebrühe (Grundrezept S. 54
oder aus Instantpulver
hergestellt)
1 Lorbeerblatt
200 g Joghurt
Salz
Pfeffer
4 EL Sauerrahm

**1.** Die tiefgekühlten Erbsen
auftauen lassen. Frische Erbsen in siedendem Wasser
blanchieren. Dann abschrek-
ken und abtropfen lassen.
**2.** Den Salatkopf von den un-
schönen Blättern befreien,
dann waschen. Das „Herz"
herausschneiden und vierteln.
2 gleich große Blätter ohne
die festen Blattrippen in feine
Streifen schneiden. Beiseite
legen. Die restlichen Salatblätter ebenfalls von den
Blattrippen befreien.
**3.** Die Zwiebeln in Streifen
schneiden und in der heißen
Margarine glasig dünsten. Mit
Weißwein ablöschen und fast
vollständig einkochen.
**4.** Dann die Brühe angießen
und das Lorbeerblatt dazugeben. Die Suppe offen bei

schwacher Hitze auf die Hälfte einkochen.
**5.** Nun den Joghurt dazugeben und das Ganze mit Salz
und Pfeffer abschmecken.
Das Lorbeerblatt aus der
Suppe entfernen.
**6.** Die Salatblätter zusammen
mit der Suppeneinlage sowie
etwas Brühe im Mixer pürieren. Während dieses Vorgangs
nach und nach die restliche
Brühe dazugießen.
**7.** Die Erbsen, die geviertelten
Salatherzen und die Salatstreifen auf 4 tiefe Teller verteilen. Mit der heißen Suppe
übergießen und mit einem
Klecks Sauerrahm anrichten.
Servieren Sie dazu gebackenes Kräuterbaguette.

# KLEINE GERICHTE UND BEILAGEN

## GEFÜLLTE CHAMPIGNONS MIT LANGUSTINORAGOUT

Zubereitungszeit: ca. 1 Std.
ca. 390 kcal pro Portion
32 g F/13 g E/13 g KH/
4 g BS/56 mg Chol

*Für 4 Portionen*
600 g Champignons (davon
8 gleich große Pilze)
Saft von 2 Zitronen
1 Kopf Romanasalat
2 Tomaten
1 Schalotte
2 EL Rapsöl
16 frische Langustinos
(oder 160 g ausgelöstes
Langustinofleisch)
1 EL Tomatensaft
Salz, Pfeffer
6 EL Olivenöl
100 ml Gemüsebrühe (Rezept
S. 54 oder aus Instantpulver
hergestellt)
Schale von ½ Zitrone
1 EL Honig
Salz, Pfeffer
geriebene Muskatnuß
50 g Möhre, in Würfel
geschnitten und blanchiert
1 EL gehackte Petersilie

**1.** Von 8 gleich großen Champignons die Haut abziehen, die Stiele entfernen und die Kappen leicht aushöhlen. Die restlichen Pilze vorsichtig abreiben. Diese mit etwa 1 Viertel des Zitronensaftes beträufeln. Die restlichen Pilze klein würfeln.
**2.** Von dem Salat 2 große Blätter abtrennen, waschen und in feine Streifen schneiden. Die Schalotte in feine Würfel schneiden.
**3.** Die Tomaten über Kreuz einritzen, kurz überbrühen, abschrecken und enthäuten. Vom Stielansatz befreien, halbieren, entkernen und in kleine Würfel schneiden.
**4.** Die Schalottenwürfel sowie die kleingeschnittenen Pilze im heißen Rapsöl andünsten. Die Salatstreifen mit dem Pfanneninhalt vermengen und alles abkühlen lassen.
**5.** Den Schwanzteil der Langustinos durch Drehen vom Körper trennen. Die Schale leicht eindrücken und aufbrechen. Das Fleisch herausnehmen, auf der Rückseite aufschneiden und den Darm (schwarzer Faden) herauswaschen. Das Langustinofleisch trockentupfen.

**6.** Tomatenwürfel und Langustinofleisch mit der Pilz-Schalotten-Mischung vermengen. Alles mit Tomatensaft, Salz, Pfeffer und etwas Zitronensaft abschmecken.
**7.** Die Pilzkappen in 2 Eßlöffeln Olivenöl von beiden Seiten anbraten, dann innen und außen salzen und pfeffern. Das Langustinoragout in die Pilzkappen füllen.
**8.** Den restlichen Romanasalat waschen, sorgfältig trokkentupfen und in gleich große Stücke schneiden. Auf 4 Tellern verteilen.
**9.** Die Gemüsebrühe etwas einkochen. Den restlichen Zitronensaft und die Zitronenschale dazugeben. Den Honig darin auflösen und alles mit Salz, Pfeffer und Muskat würzen.
**10.** Diesen Sud mit 4 Eßlöffeln Olivenöl kräftig aufschlagen und mit den Möhrenwürfeln sowie der Petersilie vermengen. Diese warme Sauce auf dem Salat verteilen und je 2 gefüllte Champignons darauf setzen.

## ZUCCHINIPUFFER MIT JOGHURT-KRÄUTER-SAUCE

Zubereitungszeit: ca. 45 Min.
ca. 290 kcal pro Portion
23 g F/6 g E/15 g KH/
3 g BS/69 mg Chol

*Für 4 Portionen*
**Für die Puffer**
300 g Zucchini
100 g Kürbisfleisch
3 EL Dinkelmehl
1 Ei
2 Oreganozweige
Salz, Pfeffer
ger. Muskatnuß
6 EL Olivenöl

**Für die Joghurtsauce**
100 g griechischer Joghurt
Saft von ½ Limone
gehackte Schale von
1 Limone
1 TL gehackter Thymian
1 TL gehackte Petersilie
Salz, Pfeffer
1 Knoblauchzehe, gehackt
½ Tomate, fein gewürfelt

**1.** Zucchini und Kürbis mit dem Gemüsehobel grob raffeln. In ein Sieb geben und leicht ausdrücken. Mit dem Dinkelmehl mischen.
**2.** Das Ei mit Oreganoblättchen und den Gewürzen verquirlen. Mit dem Gemüse vermengen. Etwa 10 Minuten quellen lassen.
**3.** Alle Zutaten für die Joghurtsauce, bis auf die Tomatenwürfel, miteinander verrühren und mit den Gewürzen kräftig abschmecken. Zum Schluß die Tomatenwürfel vorsichtig dazugeben.
**4.** Aus der Zucchini-Kürbis-Masse im heißen Olivenöl portionsweise 12 kleine Puffer ausbacken. Überschüssiges Fett auf Küchenkrepp abtropfen lassen.
**5.** Die Zucchinipuffer auf 4 Teller verteilen. Die Joghurtsauce dazu servieren. Reichen Sie dazu einen gemischten Salat aus Radicchio und Feldsalat.

## GEBACKENER SCHAFSKÄSE IN KRÄUTERPANADE

Zubereitungszeit: ca. 40 Min.
ca. 660 kcal pro Portion
49 g F/25 g E/30 g KH/
5 g BS/107 mg Chol

*Für 4 Portionen*
400 g Schafskäse
60 ml Milch
1 Ei
5 EL Dinkelmehl
60 g Vollkornsemmelbrösel
2 EL Sesamsamen
2 EL Sonnenblumenkerne
1 EL gehackter Thymian
1 EL gehackte Petersilie
1 EL gehackter Majoran
1 Knoblauchzehe
4 EL Rapsöl, 4 EL Olivenöl

**1.** Den Schafskäse in etwa 1 cm dicke Scheiben schneiden und diagonal halbieren. Die Milch mit dem Ei verquirlen. Die Käsescheiben zunächst in der Eiermilch wenden und abtropfen lassen. Dann im Mehl wenden.
**2.** Eine Panade aus Semmelbröseln, Sesamsamen, gehackten Sonnenblumenkernen und den gehackten Kräutern bereiten. Die Käsescheiben darin wenden, dabei die Panade fest andrücken.
**3.** Die Knoblauchzehe halbieren. Zusammen mit den beiden Ölsorten in einer Pfanne erhitzen. Dann die panierten Schafskäsescheiben darin goldbraun backen.

**4.** Vor dem Servieren überschüssiges Fett auf Küchenkrepp abtropfen lassen. Servieren sie dazu einen gemischten Salat aus Kopfsalatherzen, schwarzen Oliven, Tomaten, Schalottenringen und Peperoni.

### VARIATION
*Die Panade können Sie auch einmal mit gehackten Kürbis- und Pinienkernen zubereiten.*

## SPINAT IN FILOTEIG

Zubereitungszeit: ca. 1 Std.
ca. 700 kcal pro Portion
48 g F/29 g E/39 g KH/
9 g BS/101 mg Chol

*Für 4 Portionen*
600 g Blattspinat
Salz
200 g Schalotten
1 Knoblauchzehe
5 EL Rapsöl
2 EL Olivenöl
Pfeffer
etwas Mehl
4 Blätter Filoteig (dünne
Teigblätter, siehe Tip)
400 g Schafskäse
100 g Vollkornsemmelbrösel
1 Eigelb
3 EL Sesamsamen oder
Schwarzkümmelsamen

**1.** Den verlesenen und sorgfältig gewaschenen Spinat in ein Sieb geben und gut abtropfen lassen.
**2.** Die Schalotten und den Knoblauch fein würfeln. 3 Eßlöffel Rapsöl und das Olivenöl in einem großen Topf erhitzen.
**3.** Zunächst die Schalottenwürfel darin glasig dünsten, dann den Knoblauch dazugeben. Den Spinat hinzufügen und darin durchschwenken. Mit Salz und Pfeffer würzen, dann auf einem feinmaschigen Sieb abkühlen lassen und leicht ausdrücken.
**4.** Auf einem bemehlten Küchentuch 1 Filoteigblatt ausbreiten und dünn mit etwas Rapsöl bepinseln. Das nächste Blatt darauflegen und bepinseln. Mit den restlichen Blättern ebenso verfahren und übereinander stapeln.
**5.** Den Backofen auf 200 °C vorheizen. Den Schafskäse in kleine Würfel schneiden. Die Semmelbrösel auf eine Teighälfte streuen und darauf zuerst die Spinat-Schalotten-Mischung, dann den Schafskäse verteilen.
**6.** Den Teig mit Hilfe des Küchentuches wie einen Strudel aufrollen. Die Oberseite des Teiges mit dem verquirlten Eigelb bestreichen und mit den Sesamsamen bestreuen.

**7.** Die Teigrolle auf ein mit Backpapier ausgelegtes Backblech setzen und im Ofen 8 bis 10 Minuten backen. Servieren Sie dazu eine Joghurt-Kräuter-Sauce (Rezept S. 60) mit kleinen roten Paprikawürfeln.
(auf dem Foto: links)

### TIP
*Filoteigblätter sind hauchdünne Weizenmehlteigplatten, die man für pikante oder süße Füllungen verwenden kann. Sie erhalten sie in griechischen oder türkischen Lebensmittelläden.*

### VARIATION
*Statt mit Spinat können Sie die Filoteigblätter auch mit der gleichen Menge Mangold füllen.*

## OLIVENRAGOUT MIT STAMPFKARTOFFELN

Zubereitungszeit: ca. 1 Std.
ca. 490 kcal pro Portion
36 g F/6 g E/35 g KH/
7 g BS/5 mg Chol

*Für 4 Portionen*
1 kg mehlig kochende
Kartoffeln
8 EL Milch
50 g reine Pflanzenmargarine
Salz, Pfeffer
ger. Muskatnuß
100 g Zwiebeln
100 g Möhren
50 g entsteinte schwarze Oliven
50 g entsteinte grüne Oliven
6 EL Olivenöl
1 EL gehackte Petersilie

**1.** Die Kartoffeln schälen, halbieren und knapp mit Salzwasser bedeckt in 25 Minuten gar kochen.
**2.** Inzwischen die Milch mit der Margarine und den Gewürzen aufkochen.
**3.** Die gegarten Kartoffeln abgießen und ausdämpfen lassen. Mit der heißen Milch übergießen und mit einem Kartoffelstampfer grob zerstampfen.
**4.** Die Zwiebeln und die Möhren in grobe Würfel schneiden. Die Oliven je nach Größe halbieren oder vierteln.
**5.** Zwiebeln und Möhren im heißen Olivenöl etwa 10 Minuten dünsten. Dann die Olivenstücke dazugeben. Das Olivenragout mit Salz, Pfeffer und Petersilie würzen und auf den Stampfkartoffeln verteilen.
(auf dem Foto: rechts)

### TIP
*Verwenden Sie für die Zubereitung der Stampfkartoffeln mehlig kochende oder fest kochende Sorten.*

# Kartoffel-Gnocchi auf Spinat

Zubereitungszeit: ca. 1 Std.
ca. 510 kcal pro Portion
28 g F/19 g E/44 g KH/
7 g BS/134 mg Chol

*Für 4 Portionen*
**Für die Gnocchi**
600 g mehlig kochende
Kartoffeln
Salz
40 g Ricotta
2 Eigelb
30 g ger. Parmesan
40 g ger. Pecorino
100 g Weizengrieß
weißer Pfeffer
ger. Muskatnuß
2 EL Weizenmehl
3 EL Olivenöl
1 EL Petersilie, in Streifen
geschnitten

**Für den Spinat**
150 g Blattspinat
50 g Schalotten, in Würfel
geschnitten
2 EL Olivenöl
200 g geschälte Tomaten
(aus dem Glas)
2 Knoblauchzehen, gehackt
Salz, schwarzer Pfeffer
50 g ger. Pecorino

1. Den Backofen auf 180 °C vorheizen. Die Kartoffeln auf einem Backblech verteilen und mit einer Schicht Salz bedecken. Im Ofen etwa 45 Minuten backen.
2. Die gegarten Kartoffeln pellen und durch die Kartoffelpresse drücken.
3. Den Ricotta mit den Eigelben, den beiden Käsesorten, dem Weizengrieß und den Gewürzen sorgfältig unter den Kartoffelbrei kneten. Den Teig etwa 10 Minuten ruhen lassen.
4. Inzwischen den verlesenen und sorgfältig gewaschenen Spinat von den Stielen befreien. Die Spinatblätter dann mit den Schalottenwürfeln in 2 Eßlöffeln Olivenöl andünsten. Anschließend auf einem feinmaschigen Sieb abtropfen lassen.
5. Die geschälten Tomaten durch ein Sieb in einen Topf streichen und zusammen mit dem Knoblauch aufkochen. Salzen und pfeffern.
6. Den Spinat dazugeben und mit der Tomatensauce vermengen.
7. In einem großen Topf reichlich Salzwasser zum Kochen bringen.
8. Aus dem Kartoffelteig auf einer bemehlten Arbeitsfläche Rollen von etwa 2 cm ⌀ formen. Diese mit einem Messer oder mit einer Palette in 2 cm lange Stücke schneiden. Mit einer Gabel längs eindrücken und zu ovalen Klößchen (Gnocchi) formen.
9. Die Gnocchi ins kochende Wasser geben und etwa 5 Minuten garen, bis sie an die Oberfläche steigen. Dann herausnehmen und mit kaltem Wasser abschrecken.
10. Kurz vor dem Servieren die Gnocchi in 3 Eßlöffeln Olivenöl mit den Petersiliestreifen schwenken. Die Gnocchi mit dem Spinat servieren und bei Tisch nach Geschmack mit Pecorino bestreuen.

### Tip

*Die Gnocchi können Sie nach dem Garen (Schritt 9) mit etwas Olivenöl beträufeln und im Kühlschrank etwa 2 Tage aufbewahren.*

### Variation

*Für die Herstellung von Kräutergnocchi können Sie 2 Eßlöffel gehackte Kräuter in die Kartoffelmasse einarbeiten. Es eignen sich z. B. Thymian und Oregano zur Geschmacksabrundung oder Safran zur Gelbfärbung der Kartoffelmasse.*

## ZUCCHINIGEMÜSE MIT SCHAFSKÄSE

Zubereitungszeit: ca. 40 Min.
ca. 250 kcal pro Portion
19 g F/12 g E/6 g KH/
3 g BS/23 mg Chol

*Für 4 Portionen*
800 g gelbe und grüne
Zucchini
1 Knoblauchzehe
3 Schalotten
8 rote Kirschtomaten
4 gelbe Kirschtomaten
3 EL Olivenöl
1 Thymianzweig
1 Rosmarinzweig
3 EL Weißwein
5 EL Gemüsebrühe
(Rezept S. 54 oder aus
Instantpulver hergestellt)
200 g Schafskäse

Salz
Pfeffer
2 EL gehackte
glatte Petersilie

**1.** Die Zucchini der Länge
nach halbieren und entkernen. Das Fruchtfleisch in
Rauten schneiden. Den
Knoblauch fein hacken, die
Schalotten in feine Streifen
schneiden.
**2.** Die Tomaten über Kreuz
einritzen, kurz überbrühen,
abschrecken und enthäuten.
**3.** Die Zucchinirauten mit
dem Knoblauch und den
Schalotten im Olivenöl glasig
dünsten. Die Kräuterzweige
dazugeben. Mit dem Weiß-
wein ablöschen und diesen
einkochen.

**4.** Das Gemüse mit der Brühe
auffüllen und bißfest garen.
**5.** Den Schafskäse in Würfel
schneiden und zu den Zuc-
chini geben. Das Ganze mit
Salz und Pfeffer abschmecken
und mit der Petersilie vermengen.
**6.** Die Kirschtomaten dazugeben und alles nochmals erwärmen.
Servieren Sie dazu gegrillte
Baguettescheiben.

## MAKKARONI MIT RADICCHIO UND PARMESAN

Zubereitungszeit: ca. 30 Min.
ca. 550 kcal pro Portion
22 g F/18 g E/70 g KH/
6 g BS/103 mg Chol

*Für 4 Portionen*
400 g Makkaroni
Salz
4 EL Olivenöl
3 Tomaten
50 g Schalotten, in Würfel
geschnitten
200 g Radicchio
grobes Salz
Pfeffer aus der Mühle
je 2 EL Balsamicoessig
und Olivenöl
50 g Parmesan
am Stück

**1.** Die Makkaroni in sprudelndem Salzwasser und in 2 Eßlöffeln Olivenöl bißfest garen. Abgießen und mit warmem Wasser überbrausen. Dann abtropfen lassen.
**2.** Die Tomaten über Kreuz einritzen, kurz überbrühen, abschrecken und enthäuten. Sie dann von den Stielansätzen befreien, vierteln, entkernen und in Streifen schneiden. Den Radicchio ebenfalls in Streifen schneiden.
**3.** Die Schalotten in 2 Eßlöffeln Olivenöl glasig dünsten. Die Makkaroni zu den Schalotten geben. Das Ganze mit den Tomaten- und den Radicchiostreifen vorsichtig vermengen und alles nochmals kurz erwärmen.

**4.** Mit grobem Salz und Pfeffer kräftig abschmecken. Das Gericht bei Tisch nach Geschmack mit Balsamicoessig und Olivenöl beträufeln. Den Parmesan hauchdünn darauf hobeln.

### TIP
*Diese Beilage paßt sehr gut zu kurzgebratenen Fleischstücken z. B. von Geflügel, Kalb oder Rind.*

## ORANGENNUDELN IN GEMÜSE- VINAIGRETTE

Zubereitungszeit: ca. 90 Min.
Kühlzeit: ca. 1 Std.
ca. 280 kcal pro Portion
24 g F/2 g E/13 g KH/
2 g BS/135 mg Chol

*Für 4 Portionen*
**Für die Orangennudeln
(Grundrezept Nudelteig:
siehe Tip)**
½ l frisch gepreßter
Orangensaft
2 Eier
Salz
1 EL Olivenöl
200 g Weizenmehl
200 g Hartweizengrieß

**Für die Gemüsevinaigrette**
100 g Möhren
100 g Sellerie
50 g Kohlrabi
Salz
2 Stangen Frühlingszwiebeln
Saft von 4 Orangen
Schale von 2 Orangen, ge-
hackt
50 g Schalotten, in Würfel
geschnitten
2 TL Honig
3 EL Weißweinessig
Pfeffer
8 EL Olivenöl
1 Kerbelzweig

**Außerdem**
etwas Mehl zum Ausrollen

**1.** Den Orangensaft bei schwacher Hitze im offenen Topf in etwa 15 Minuten sirupartig auf etwa 100 ml einkochen. Leicht abkühlen lassen.
**2.** Den Saft mit den Eiern und 1 Teelöffel Salz verquirlen. Dann zusammen mit dem Öl, Mehl und Grieß in eine Schüssel oder in die Küchenmaschine geben.
**3.** Diese Zutaten zu einem glatten, geschmeidigen Teig verkneten. In Klarsichtfolie eingepackt etwa 1 Stunde im Kühlschrank ruhen lassen.
**4.** Inzwischen die Möhren, den Sellerie und den Kohlrabi in kleine Würfel schneiden und nacheinander in siedendem Salzwasser blanchieren. Mit kaltem Wasser abschrecken und abtropfen lassen.
**5.** Die Frühlingszwiebeln in feine Ringe schneiden.
**6.** Den Nudelteig auf einer bemehlten Arbeitsfläche flach ausrollen. Die Teigplatten mit der Nudelmaschine auf 3 bis 4 mm Dicke ausrollen. Entweder mit einem Messer oder mit einem speziellen Aufsatz Bandnudeln herstellen.
**7.** Die Nudeln in sprudelndem Salzwasser in etwa 5 Minuten bißfest kochen. Abgießen, mit heißem Wasser überbrausen und auf einem Sieb abtropfen lassen.

**8.** Den Orangensaft mit der gehackten Orangenschale und den Schalottenwürfeln in etwa 5 Minuten langsam einkochen. Mit Honig, Weißweinessig, etwas Salz und Pfeffer würzen.
**9.** Die warmen Nudeln in der Orangensauce schwenken und mit dem Olivenöl beträufeln.
**10.** Die blanchierten Gemüsewürfel sowie die Frühlingszwiebelringe dazugeben und noch einmal alles erwärmen. Das Ganze mit Kerbelsträußchen garnieren.

### TIP
*Zur Herstellung von selbstgemachten Nudeln können Sie sich an diesem Grundrezept orientieren. Verwenden Sie für einen herkömmlichen Nudelteig statt des eingedickten Orangensaftes 100 ml Wasser. Die Zubereitung erfolgt wie in den Schritten 2 und 3 dieser Anweisung beschrieben.*

## PILZRISOTTO

Zubereitungszeit: ca. 40 Min.
ca. 440 kcal pro Portion
19 g F/9 g E/52 g KH/
9 g BS/0 mg Chol

*Für 4 Portionen*
**Für das Risotto**
**(Grundrezept)**
2 weiße Zwiebeln, in Würfel
geschnitten
250 g Risottoreis (Rundkorn-
reis, z. B. Carnarolireis)
3 EL Olivenöl
5 EL Weißwein
5 EL weißer Balsamicoessig
700 ml Geflügelbrühe
Salz
Pfeffer

**Für das Pilzragout**
400 g gemischte Pilze (z. B.
Champignons, Pfifferlinge,
Semmelpilze), geputzt
50 g Schalotten, in
Würfel geschnitten
3 EL Olivenöl
2 EL weißer Balsamicoessig
1 EL gehackte Petersilie
1 EL Oreganoblättchen
Salz, Pfeffer

**1.** In einem großen Topf die
Zwiebelwürfel zusammen mit
dem Risottoreis in 3 Eßlöffeln Olivenöl unter ständigem
Rühren glasig dünsten.
**2.** Dann mit dem Weißwein
sowie 5 Eßlöffeln Balsamicoessig ablöschen und im offenen Topf etwas einkochen.
Soviel Geflügelbrühe angießen, bis der Reis bedeckt ist.

**3.** Das Risotto bei schwacher
Hitze in 15 bis 20 Minuten
im offenen Topf gar köcheln,
dabei ständig rühren. Brühe
nach Bedarf angießen. Das
fertig gegarte Risotto nach
Geschmack mit Pfeffer und
Salz nachwürzen.
**4.** Die Pilze vierteln und mit
den Schalottenwürfeln in
dem Olivenöl anbraten. Dann
mit 2 Eßlöffeln Balsamicoessig ablöschen und das Ganze
einmal aufkochen.
**5.** Das Pilzragout mit den
Kräutern, Salz und Pfeffer
abschmecken. Dann auf das
Risotto geben und sofort
servieren.
(auf dem Foto: oben links)

### TIP
*Wenn Sie nach diesem Grund-
rezept ein Weißweinrisotto zubereiten, können Sie es als Beilage zu Fleisch- und Fischge-
richten servieren. Es schmeckt
vorzüglich zu Rotbarben (Rezept Seite 82), Hähnchenbrust
(Rezept Seite 90) und Kalbs-
schnitzeln (Rezept Seite 99).*

### VARIATION
*Den weißen Balsamicoessig
können Sie durch milden Kräu-
ter-Weißweinessig, z. B. Estra-
gonessig, ersetzen.*

## GEMÜSERISOTTO

Zubereitungszeit: ca. 1 Std.
ca. 470 kcal pro Portion
25 g F/9 g E/50 g KH/
10 g BS/103 mg Chol

*Für 4 Portionen*
250 g Risottoreis (Rundkorn-
reis, z. B. Carnarolireis)
50 g Schalotten, in Würfeln
1 Knoblauchzehe, gehackt
5 EL Olivenöl
1 Lorbeerblatt
2 Thymianzweige
100 ml Weißwein
600–700 ml Geflügelbrühe
Salz, Pfeffer
100 g Zucchini
100 g rote Paprikaschote
100 g Fenchel
100 g frische Erbsen
1 TL gehackter Thymian
1 EL gehackte Petersilie
50 g ger. Parmesan

**1.** Das Risotto wie in den
Schritten 1 bis 3 des Grund-
rezeptes (S. 70) beschrieben
zubereiten.
**2.** Zucchini, Paprika und Fenchel in kleine Würfel schneiden. Zusammen mit den Erbsen in 2 Eßlöffeln Olivenöl
glasig dünsten. Salzen und
pfeffern und dann unter das
fast gegarte Risotto mischen.
Alles zusammen noch etwa
10 Minuten weitergaren.
**3.** Zum Schluß die Kräuter
dazugeben und den geriebenen Parmesan darunter-
heben.
(auf dem Foto: oben rechts)

## SPINAT MIT ROSINEN UND PINIENKERNEN

Zubereitungszeit: ca. 1 Std.
ca. 410 kcal pro Portion
26 g F/13 g E/26 g KH/
9 g BS/19 mg Chol

*Für 4 Portionen*
100 g Rosinen
1 kg Blattspinat
100 g Schalottenwürfel
2 EL Pinienkernöl
Salz, Pfeffer, ger. Muskatnuß
1 EL Mehl
2 EL Olivenöl
100 ml Weißwein
100 ml Geflügelbrühe
4 EL Pinienkerne, geröstet
und gehackt
200 g griechischer Joghurt
1 EL gehackte Minzeblättchen

**1.** Die Rosinen in Wasser einweichen. Den verlesenen und gründlich gewaschenen Spinat auf einem Sieb abtropfen lassen.
**2.** Die Schalotten im Pinienkernöl andünsten. Den Spinat dazugeben und gut durchschwenken. Salzen, pfeffern und mit Muskat abschmekken. Dann die Schalotten-Spinat-Mischung auf ein feinmaschiges Sieb geben und leicht leicht ausdrücken.
**3.** Das Mehl in das erwärmte Olivenöl einrühren und gut anschwitzen. Mit Weißwein und Brühe ablöschen, klümpchenfrei verrühren und etwa 5 Minuten kochen. Die abgetropften Rosinen und 3 Eßlöffel Pinienkerne dazugeben.

**4.** Den Joghurt vorsichtig in die Sauce einrühren, dann mit Salz und Pfeffer abschmecken. Den Spinat dazugeben und die Minzeblättchen daruntermengen.
**5.** Zum Servieren den Spinat mit den restlichen Pinienkernen bestreuen.
Reichen Sie dazu dünn gebackene Pfannkuchen oder Crêpes.
(auf dem Foto: unten)

### TIP
*Griechischer Joghurt hat eine feste Konsistenz und ist ohne Bindemittel hergestellt. Sie erhalten ihn in gut sortierten Lebensmittelgeschäften.*

# HAUPTGERICHTE

## GEFÜLLTE ZUCCHINIBLÜTE IN PAPRIKAVINAIGRETTE

Zubereitungszeit: ca. 90 Min.
ca. 300 kcal pro Portion
25 g F/4 g E/14 g KH/
6 g BS/0 mg Chol

*Für 4 Portionen*
**Für die Zucchiniblüten**
8 Zucchiniblüten
insg. 150 g rote, grüne und
gelbe Paprikaschote
2 Schalotten, 2 EL Olivenöl
½ Knoblauchzehe, fein
gehackt
1 Basilikumzweig
Salz, Pfeffer
3 EL Semmelbrösel

**Für die Paprikavinaigrette**
insg. 250 g rote, grüne und
gelbe Paprikaschote
2 Schalotten, 4 EL Olivenöl
1 Knoblauchzehe, fein
gehackt
Saft von 1 Limone
100 ml Geflügelbrühe
Salz, Pfeffer
Korianderkörner aus der
Mühle
1 Frühlingszwiebel
2 EL Haselnußöl
2 Basilikumzweige

**1.** Die Zucchiniblüten vorsichtig öffnen und die Blütenständer herauslösen. Die Zucchini waschen und trockentupfen.
**2.** Die Paprikaschoten und die Schalotten in sehr feine Würfel schneiden. Die Würfelchen im heißen Olivenöl glasig dünsten.
**3.** Die Gemüsemischung mit Knoblauch, Salz, Pfeffer und einigen Basilikumblättchen abschmecken. Mit den Semmelbröseln vermengen und abkühlen lassen.
**4.** Die Gemüsemasse vorsichtig in die Zucchiniblüten füllen.
**5.** Die gefüllten Zucchiniblüten in einen Dämpfeinsatz setzen und im geschlossenen Topf über Wasserdampf in 5 bis 7 Minuten dämpfen.
**6.** Für die Vinaigrette die Paprikaschoten und die Schalotten in feine Würfel schneiden. Im heißen Olivenöl glasig dünsten und den Knoblauch dazugeben.
**7.** Das Ganze mit dem Limonensaft ablöschen. Die Geflügelbrühe angießen und einmal aufkochen. Die Vinaigrette mit Salz, Pfeffer und Koriander aus der Mühle abschmecken.

**8.** Die Frühlingszwiebel in feine Ringe schneiden. Mit dem Haselnußöl vermengen und dann zu der Vinaigrette geben.
**9.** Die gedämpften Zucchiniblüten aus dem Einsatz nehmen. Die Zucchini mehrmals der Länge nach einschneiden und wie einen Fächer aufdrücken oder halbieren.
**10.** Die Paprikavinaigrette als Spiegel auf 4 Teller gießen und die gefüllten Zucchiniblüten darauf anrichten. Mit Basilikumblättern garnieren. Servieren Sie dazu knusprig gebackenes Baguette.

### TIP
*Wenn Sie die Haut von Paprikaschoten nicht vertragen, dann schälen Sie die Schoten mit einem Sparschäler.*

## KARTOFFEL-NOCKEN MIT GEMÜSERAGOUT

Zubereitungszeit: ca. 80 Min.
ca. 500 kcal pro Portion
36 g F/10 g E/33 g KH/
5 g BS/170 mg Chol

*Für 4 Portionen*

**Für die Kartoffelnocken**
300 g festkochende Kartoffeln
Salz
½ TL Kümmel
5 EL Rapsöl
1 Zwiebel, in feine Würfel
geschnitten
100 ml Milch
100 g Mehl
2 Eigelbe
1 Ei
Pfeffer
1 EL Thymianblättchen

**Für das Gemüseragout**
100 g Zwiebeln
je 1 Stück rote, grüne und
gelbe Paprikaschote
(insgesamt ca. 150 g)
150 g Zucchini
2 Tomaten
4 EL Rapsöl
1 EL Knoblauchöl
(Rezept S. 46)
Salz, Pfeffer
Cayennepfeffer
edelsüßes Paprikapulver
200 ml Tomatensaft
1 EL gehackte Petersilie
1 TL gehackter Majoran

**1.** Die Kartoffeln in der Schale in Salzwasser mit etwas Kümmel gar kochen. Abgießen und ausdämpfen.
**2.** Die heißen Kartoffeln schälen und durch die Kartoffelpresse drücken.
**3.** In einem Topf 3 Eßlöffel Rapsöl erhitzen und die Zwiebelwürfel darin glasig dünsten. Die Milch angießen und aufkochen.
**4.** Das Mehl langsam in die Milch einrühren und die Masse abbrennen, bis sich am Topfboden ein weißer Belag bildet. Den Mehlkloß etwas abkühlen lassen.
**5.** Zunächst die Eigelbe nacheinander in die abgebrannte Masse rühren, dann das ganze Ei dazugeben. Den Teig mit dem Kartoffelbrei mischen, mit Salz, Pfeffer sowie Thymian abschmecken und auskühlen lassen.
**6.** In einem großen Topf reichlich Salzwasser zum Kochen bringen. Aus dem Kartoffelteig mit 2 befeuchteten Löffeln vorsichtig Nocken abdrehen.
**7.** Die Nocken im siedenden Wasser in 6 bis 8 Minuten garziehen lassen, bis sie an die Oberfläche steigen. Mit einer Schaumkelle herausheben und kurz mit kaltem Wasser abschrecken.
**8.** Für das Gemüseragout die Zwiebeln, die Paprikaschoten und die Zucchini in gleich große Würfel schneiden.

**9.** Die Tomaten über Kreuz einritzen, kurz überbrühen, abschrecken und enthäuten. Sie dann von den Stielansätzen befreien, halbieren, entkernen und in kleine Würfel schneiden.
**10.** Im heißen Rapsöl zunächst die Zwiebel- und die Paprikastücke anbraten. Dann die Zucchiniwürfel dazugeben und alles mit dem Knoblauchöl, Salz, Pfeffer, etwas Cayennepfeffer und Paprikapulver abschmecken.
**11.** Das Gemüse mit dem Tomatensaft ablöschen und etwa 5 Minuten bei schwacher Hitze schmoren. Dann die Tomatenwürfel und die gehackten Kräuter dazugeben. Das Gemüseragout nochmals mit Salz und Pfeffer abschmecken.
**12.** Die Kartoffelnocken kurz vor dem Servieren in dem restlichen Rapsöl anbraten und zu dem Gemüseragout servieren.

(auf dem Foto: links)

## KARTOFFEL-ZUCCHINI-GRATIN

Zubereitungszeit: ca. 1 Std.
ca. 300 kcal pro Portion
20 g F/14 g E/16 g KH/
4 g BS/154 mg Chol

*Für 4 Portionen*
400 g Kartoffeln
Salz
400 g Zucchini
100 g rote Paprikaschote
1 EL Rapsöl
Pfeffer
1 EL Thymianblättchen
2 Eier
100 g Sahne
70 g ger. Parmesan
ger. Muskatnuß

**1.** Die Kartoffeln schälen und in nicht zu dünne Scheiben schneiden. Diese in kochendem Salzwasser in 3 bis 4 Minuten garen und dann abschrecken.
**2.** Die Zucchini in dünne Scheiben und die Paprikaschote in kleine Würfel schneiden. Eine Auflaufform mit Rapsöl auspinseln.
**3.** Kartoffel- und Zucchinischeiben abwechselnd in die Form einschichten. Alles mit Salz, Pfeffer und den Thymianblättchen würzen.
**4.** Den Backofen auf 200 °C vorheizen. Die Eier mit der Sahne und 50 g des Parmesans verquirlen. Mit Salz, Pfeffer und geriebenem Muskat pikant abschmecken.
**5.** Diese Mischung auf die Kartoffel- und Zucchinischeiben gießen, bis diese leicht bedeckt sind. Das Ganze mit den Paprikawurfeln belegen und mit den restlichen 20 g Parmesan bestreuen. Das Gratin im Ofen etwa 20 Minuten überbacken.
(auf dem Foto: rechts)

## KÜRBISKUCHEN MIT FRÜHLINGSZWIEBELN UND SCHAFSKÄSE

Zubereitungszeit: ca. 90 Min.
Kühlzeit: ca. 6 Std.
ca. 900 kcal pro Portion
64 g F/24 g E/59 g KH/
5 g BS/170 mg Chol

*Für 4 Portionen*
**Für den Teig**
100 ml Olivenöl
100 ml lauwarmes Wasser
1 TL Salz
300 g Mehl
1 EL Zitronenthymianblättchen
1 TL gehackte Petersilie

**Für die Füllung**
200 g Frühlingszwiebeln
500 g Kürbisfleisch
5 EL Olivenöl
Salz, Pfeffer
gemahlener Anis
250 g Schafskäse
2 Eier, 100 g Schmand
1 EL gehackte Petersilie

**Außerdem**
Mehl zum Ausrollen und
für das Backblech

**1.** Das Olivenöl mit Wasser und Salz verrühren. Diese Flüssigkeit dann in das Mehl einarbeiten. Die Kräuter darunterkneten und alle Zutaten zu einem glatten Teig verarbeiten. In Folie eingewickelt etwa 6 Stunden im Kühlschrank ruhen lassen.

**2.** Von den Frühlingszwiebeln die weißen und die grünen Abschnitte separat in feine Ringe schneiden. Das Kürbisfleisch grob raffeln und mit den weißen Frühlingszwiebelringen im heißen Olivenöl glasig dünsten. Mit Salz, Pfeffer und Anis würzen und anschließend etwa 15 Minuten abkühlen lassen.
**3.** Den Schafskäse würfeln und mit den grünen Frühlingszwiebelringen unter das gedünstete Gemüse mischen. Die Eier und den Schmand mit Salz, Pfeffer und Petersilie verquirlen und ebenfalls zur Kürbismasse geben. Eventuell nachwürzen.
**4.** Den Backofen vorheizen auf 180 °C. Eine Springform (28 bis 30 cm ⌀) mit etwas Mehl ausstäuben. Den gekühlen Teig halbieren und auf einer bemehlten Arbeitsfläche zu runden Platten in der Größe der Form ausrollen.
**5.** Eine Teigplatte in die Form legen und einen etwa 2 cm hohen Rand hochziehen. Auf dem Teig die Kürbismasse verteilen und diese mit der zweiten Teigplatte abdecken.
**6.** Den Kuchen im Ofen 40 bis 45 Minuten backen. Warm servieren.
(auf dem Foto: oben)

## ZUCCHINILASAGNE

Zubereitungszeit: ca. 45 Min.
ca. 880 kcal pro Portion
60 g F/20 g E/61 g KH/
5 g BS/190 mg Chol

*Für 4 Portionen*
**Für die Nudeln**
12 Lasagneplatten
(ohne Vorkochen)
Salz
3 EL Olivenöl

**Für die Füllung**
600 g Zucchini
100 g Zwiebeln, in feine
Würfel geschnitten
2 EL Olivenöl
1 Knoblauchzehe, fein
gehackt
1 Bund Basilikum
1 TL Thymianblättchen
50 g Crème fraîche
200 g Ricotta
2 Eigelb
Salz, Pfeffer
80 g ger. Hartkäse,
z. B. Pecorino

**1.** Die Nudelteigplatten in reichlich kochendem Salzwasser mit 2 Eßlöffeln Olivenöl bißfest garen. Dann abgießen und mit kaltem Wasser überbrausen.
**2.** Die Zucchini grob raffeln. Die Zwiebelwürfel in einer großen Pfanne im heißen Olivenöl glasig dünsten, dann den Knoblauch dazugeben.
**3.** Die Zucchiniraffel in die Pfanne geben und ebenfalls andünsten. Den Pfannenin

halt auf einem Sieb abtropfen lassen. Das Gemüse leicht ausdrücken und in eine Schüssel geben.

**4.** Die Basilikumblätter in feine Streifen schneiden. Zusammen mit den Thymianblättchen, Crème fraîche, Ricotta und Eigelben zu den Zucchini geben. Diese Mischung mit Salz und Pfeffer abschmecken.

**5.** Den Backofen auf 220°C vorheizen. Eine feuerfeste Form mit 1 Eßlöffel Öl auspinseln.

**6.** Schichtweise die Nudelteigplatten und die Zucchinimasse hineinfüllen, dabei mit Nudelteigplatten abschließen. Diese Schicht mit dem geriebenen Käse bestreuen. Die Zucchinilasagne im Ofen etwa 15 Minuten backen. (auf dem Foto: unten)

### TIPS

■ *Dazu paßt eine Tomatensauce.*

■ *Statt Zucchiniraspeln können Sie auch geraspelte Möhren, Kohlrabi oder Sellerieknolle nehmen. Diese müssen aber vor dem Ausdrücken kurz blanchieren.*

## POLENTA-SCHNITTEN MIT KALTEM TOMATEN-THYMIAN-RAGOUT

Zubereitungszeit: ca. 1 Std.
Kühlzeit: ca. 2 Std.
ca. 440 kcal pro Portion
32 g F/5 g E/33 g KH/
3 g BS/54 mg Chol

*Für 4 Portionen*

**Für die Polentaschnitten**
500 ml Wasser
8 EL Olivenöl
Salz, Pfeffer
160 g fein gemahlener
Maisgrieß (Polenta)
1 Eigelb

**Für das Tomatenragout**
2 Schalotten, in feine
Würfel geschnitten
2 EL Olivenöl
2 EL Balsamicoessig
4 Fleischtomaten
1 EL Thymianblättchen
Salz, Pfeffer

**1.** Das Wasser mit 3 Eßlöffeln Olivenöl, Salz und Pfeffer aufkochen. Den Maisgrieß unter Rühren hineinrieseln lassen. Dann den Brei auf der ausgeschalteten Herdplatte 5 bis 10 Minuten ausquellen lassen.
**2.** Eine flache Form mit 1 Eßlöffel Öl auspinseln. Das Eigelb in den gequollenen Maisgrieß rühren und diese Masse in der Form verteilen, dabei die Oberfläche glattstreichen. Für etwa 2 Stunden in den Kühlschrank stellen.
**3.** Die gekühlte Polenta stürzen und in Rauten schneiden.

Diese im restlichen Olivenöl knusprig braten.
**4.** Die Schalottenwürfel im heißen Olivenöl glasig dünsten. Sie dann mit dem Essig ablöschen und offen einkochen. Anschließend die Schalotten auskühlen lassen.
**5.** Die Tomaten vierteln, entkernen und in Würfel schneiden. Thymianblättchen und Tomatenwürfel mit den Schalotten mischen. Das Ragout salzen und pfeffern.
**6.** Die gebratenen Polentaschnitten mit dem Tomaten-Thymian-Ragout anrichten und bei Tisch nach Belieben mit Balsamicoessig und Olivenöl beträufeln.

## TAGLIATELLE MIT PESTO UND PARMESAN

Zubereitungszeit: ca. 70 Min.
Kühlzeit: ca. 1 Std.
ca. 950 kcal pro Portion
60 g F/28 g E/74 g KH/
8 g BS/196 mg Chol

*Für 4 Portionen*

**Für den Nudelteig**
200 g Weizenmehl
200 g Hartweizengrieß
3 Eier
2 EL Olivenöl
2 EL Wasser
Salz

**Für das Pesto**
1 Bund Basilikum
50 g Blattspinat
1 Knoblauchzehe, fein gehackt
100 g Walnüsse, fein gehackt
50 g ger. Parmesan
100 ml Olivenöl
Salz, Pfeffer
etwas Zitronensaft

**Außerdem**
50 g Parmesan am Stück

**1.** Das Mehl und den Grieß in einer Schüssel mischen. Die Eier mit Olivenöl, Wasser und ½ Teelöffel Salz verquirlen und mit dem Mehl-Grieß-Gemisch verkneten. Den Teig in Klarsichtfolie eingepackt etwa 1 Stunde im Kühlschrank ruhen lassen.
**2.** Von dem Basilikum und dem sorgfältig gewaschenen Spinat die Blätter abzupfen und trockenschleudern. Diese mit dem Knoblauch im Mixer fein pürieren.

**3.** Die Walnüsse und den geriebenen Käse dazugeben. Das Olivenöl nach und nach dazugießen und alles zu einer geschmeidigen Masse pürieren. Mit Salz, Pfeffer und Zitronensaft abschmecken.
**4.** Den Nudelteig portionsweise mit der Nudelmaschine zu Bandnudeln ausrollen. Diese in reichlich kochendem Salzwasser bißfest garen. Dann abgießen und mit heißem Wasser abschrecken.
**5.** Die heißen Nudeln mit dem Pesto in einer tiefen Pfanne vermengen, dabei eventuell etwas Kochflüssigkeit angießen, damit sich beides besser vermengen läßt. Zum Schluß den Parmesan hauchdünn über die Bandnudeln hobeln.

# SAFRANRAVIOLI MIT KÜRBISGEMÜSE

Zubereitungszeit: ca. 70 Min.
Quellzeit: ca. 1 Std.
Kühlzeit: ca. 1 Std.
ca. 580 kcal pro Portion
22 g F/20 g E/76 g KH/
8 g BS/250 mg Chol

*Für 4 Portionen*
**Für den Nudelteig**
1 Tütchen Safranfäden
200 g Weizenmehl
200 g Hartweizengrieß
½ TL Salz
4 kleine Eier (Größe S)
1 EL Olivenöl

**Für die Füllung**
1 EL Schalottenwürfel
1 TL Olivenöl
200 g Ricotta
1 Eigelb
Salz, Pfeffer
1 EL Korianderblätter, fein
geschnitten

**Für das Kürbisgemüse**
4 Tomaten
300 g Kürbisfleisch
3 Schalotten, in Streifen
geschnitten
2 EL Olivenöl
100 ml Gemüsebrühe
(Grundrezept S. 54 oder
aus Instantpulver hergestellt)
1 Thymianzweig
1 Basilikumzweig
Salz, Pfeffer
Anis aus der Mühle

**Außerdem**
1 Eiweiß
etwas Mehl für das Blech
Salz
3 EL Olivenöl
10 Basilikumblätter, in feine
Streifen geschnitten

**1.** Die Safranfäden in 4 Eßlöffeln Wasser aufkochen. Dann den Topf vom Herd nehmen und den Safran etwa 1 Stunde quellen lassen.
**2.** Mehl, Grieß und Salz in einer Schüssel mischen. Die Eier verquirlen und mit dem Olivenöl in die Schüssel geben. Das Safranwasser durch ein feinmaschiges Sieb dazugießen und alle Zutaten zu einem einheitlichen, festen Teig verkneten. Den Teig in Klarsichtfolie eingepackt etwa 1 Stunde im Kühlschrank ruhen lassen.
**3.** Inzwischen für die Füllung die Schalotten im heißen Olivenöl glasig dünsten. In einer Schüssel mit dem Ricotta verrühren. Eigelb, Salz, Pfeffer und Korianderblätter daruntermischen und die Masse abkühlen lassen.
**4.** Den gekühlten Nudelteig portionsweise mit einer Nudelmaschine zu dünnen Platten ausrollen. Daraus mit einem Ausstecher (4 bis 6 cm ∅) kleine Kreise ausstechen.
**5.** Die Kreise mit etwas verquirltem Eiweiß bepinseln. Die Schalottenfüllung in ei-

nen Spritzbeutel füllen und portionsweise auf die Hälfte der Nudelteigkreise verteilen.
**6.** Von der anderen Hälfte der Kreise jeweils 1 Stück darauf setzen und die Teigränder mit den Fingern andrücken. Die gefüllten Ravioli auf einem bemehlten Blech etwa 30 Minuten trocknen lassen.
**7.** Für das Kürbisgemüse die Tomaten über Kreuz einritzen, kurz überbrühen, abschrecken und enthäuten. Sie dann von den Stielansätzen befreien, halbieren, entkernen und in Würfel schneiden.
**8.** Das Kürbisfleisch ebenfalls würfeln und mit den Schalotten im heißen Olivenöl anschwitzen. Mit der Gemüsebrühe ablösen und die Kräuterzweige dazugeben.
**9.** Das Gemüse im geschlossenen Topf etwa 10 Minuten bei schwacher Hitze schmoren. Dann mit Salz, Pfeffer und gemahlenem Anis würzen und die Kräuterzweige herausnehmen.
**10.** Die Ravioli in reichlich kochendem Salzwasser mit 2 Eßlöffeln Olivenöl in 3 bis 4 Minuten garen. Mit kaltem Wasser abschrecken.
**11.** Kurz vor dem Servieren die Ravioli in dem restlichen Eßlöffel Olivenöl schwenken und die Basilikumstreifen darunterheben. Das Kürbisgemüse dazu servieren.

## ROTBARBEN IN PERGAMENT

Zubereitungszeit: ca. 45 Min.
ca. 510 kcal pro Portion
26 g F/68 g E/1 g KH/
0 g BS/150 mg Chol

*Für 4 Portionen*
8 Rotbarben à 150–200 g
(geschuppt, ausgenommen)
4 EL Olivenöl
Meersalz und Pfeffer
aus der Mühle
2 Limonen
2 Tomaten
40 g Kapern, gehackt
1 TL Senfkörner, grob
gestoßen
4 Petersilienzweige
4 Thymianzweige
2 Eiweiß

**1.** Die Rotbarben unter fließendem kaltem Wasser innen und außen gründlich waschen. Auf einem Küchentuch abtropfen lassen.
**2.** Die Fische innen und außen mit Olivenöl einpinseln und mit grobem Salz und grob gemahlenem Pfeffer würzen.
**3.** Die Limonen schälen und die Schale ohne die weiße Haut fein hacken. Die Filets aus den Trennhäuten herausschneiden.
**4.** Die Tomaten über Kreuz einritzen, kurz überbrühen, abschrecken und enthäuten. Sie dann von den Stielansätzen befreien, vierteln und entkernen.
**5.** Die Limonenfilets und die Tomatenstücke mit den Kapern und den Senfkörnern sowie mit den Kräuterzweigen in die Bauchhöhlen der Fische geben.
**6.** Den Backofen auf 200 °C vorheizen. Einen großen Bogen Pergamentpapier in 4 entsprechend große Stücke schneiden. Diese kurz in Wasser einweichen, damit sie geschmeidig werden.
**7.** Die gefüllten Fische mit dem Papier umhüllen. Die Enden mit verquirltem Eiweiß bestreichen, fest zusammendrücken und wie ein Päckchen einschlagen. Im Ofen etwa 15 Minuten garen. Servieren Sie dazu ofenfrisches Brot und einen Tomatensalat.

## SARDINEN MIT PESTOFÜLLUNG

Zubereitungszeit: ca. 1 Std.
ca. 930 kcal pro Portion
72 g F/37 g E/36 g KH/
5 g BS/29 mg Chol

*Für 4 Portionen*
**Für die Fische**
8–12 Sardinen
4 Tomaten
8–12 kleine Scheiben
Chiabatta-Brot
4 EL Olivenöl
Salz, Pfeffer
Schale von 1 Limone, gehackt
3 EL Semmelbrösel

**Für das Pesto**
2 Bund Basilikum
150 ml Olivenöl
Salz, Pfeffer
3 Knoblauchzehen, gehackt

100 g Pinienkerne, geröstet
und gehackt (siehe Tip S. 39)
50 g ger. Pecorino

**1.** Die Sardinen ausnehmen
und schuppen. Die Köpfe mit
den Gräten vorsichtig herauslösen, so daß die Schwanz-
flossen die Filets zusammen-
halten. Die Fische gründlich
auswaschen und mit Kuchen-
tuch trockentupfen.
**2.** Die Basilikumblätter im
Mixer mit Olivenöl, Salz und
Pfeffer fein pürieren. Dann
den Knoblauch, die Pinienkerne und den Pecorino in
die Masse einrühren. Nochmals abschmecken.
**3.** Die Sardinen ausbreiten,
salzen, mit etwas Füllung bestreichen und dann von der
Kopfseite her aufrollen.

**4.** Die Tomaten über Kreuz
einritzen, kurz überbrühen,
abschrecken und enthäuten.
Sie dann von den Stielansätzen befreien, vierteln und
entkernen.
**5.** Den Backofen vorheizen
auf 200°C. Die Brotscheiben
in einer Pfanne im heißen
Olivenöl knusprig rösten.
Den Boden einer feuerfesten
Form damit auslegen.
**6.** Das restliche Pesto auf den
Brotscheiben verteilen und
darauf die gefüllten Sardinen
setzen. In die Zwischenräume
die Tomatenviertel legen. Alles mit Salz, Pfeffer und der
Limonenschale würzen und
mit den Semmelbröseln be-
streuen. Im Ofen oder unter
dem Backofengrill etwa
12 Minuten gratinieren.

## Gegrillte Seezungenfilets mit Fenchelgemüse

Zubereitungszeit: ca. 1 Std.
ca. 510 kcal pro Portion
35 g F/29 g E/16 g KH/
5 g BS/168 mg Chol

*Für 4 Portionen*
12 Seezungenfilets (vom
Fischhändler zugeschnitten)
Salz, Pfeffer
Koriander aus der Mühle
3 Schalotten
70 ml Olivenöl
5 EL Semmelbrösel
Schale von 1 Limone, gehackt
1 EL Thymianblättchen
400 g Fenchel
2 Tomaten
Saft von 1 Zitrone
50 ml Weißwein
1 g Safranfäden
50 ml Fischfond
(aus dem Glas)

**1.** Die Fischfilets waschen und sorgfältig trockentupfen. Mit Salz, Pfeffer und Koriander würzen. 1 Schalotte in feine Würfel schneiden.
**2.** Eine feuerfeste Form mit etwas Olivenöl auspinseln. Den Boden mit den Schalottenwürfeln bedecken. Die Fischfilets längs zusammenklappen und in die Form legen.
**3.** Die Semmelbrösel mit 1 Teelöffel grob gemahlenem Koriander, der Limonenschale und dem Thymian mischen. Diese Mischung auf die Fischfilets streuen und das Ganze bis zur Weiterverwendung kühl stellen.
**4.** Von der Fenchelknolle das Fenchelgrün kleinschneiden und beiseite legen. Die Knolle in dünne Scheiben schneiden, am besten mit der Aufschnittmaschine.
**5.** Die Tomaten über Kreuz einritzen, kurz überbrühen, abschrecken und enthäuten. Sie dann von den Stielansätzen befreien, halbieren, entkernen und würfeln. Die beiden restlichen Schalotten in Ringe schneiden.
**6.** Fenchelscheiben und Schalottenringe in 4 Eßlöffeln Olivenöl anbraten. Dann mit dem Zitronensaft ablöschen. Den Wein angießen und den Sud im offenen Topf auf die Hälfte einkochen. Die Safranfäden dazugeben, salzen und pfeffern.

**7.** Nun den Fischfond aufgießen und die Fenchelscheiben im offenen Topf 2 Minuten bißfest garen.
**8.** Die Tomatenwürfel und das Fenchelgrün zu dem Fenchel geben und nachwürzen. Das Gemüse eventuell mit etwas Olivenöl beträufeln.
**9.** Die Seezungenfilets unter dem Backofengrill 4 bis 5 Minuten überbacken. Kurz vor dem Servieren mit etwas Olivenöl beträufeln und auf dem Fenchelgemüse anrichten.

## MEDITERRANER FISCHSPIESS

Zubereitungszeit: ca. 50 Min.
Marinierzeit: 2–3 Std.
ca. 430 kcal pro Portion
30 g F/33 g E/7 g KH/
3 g BS/122 mg Chol

*Für 4 Portionen*
600 g kleine, ganze Mittel-
meerfische (z. B. Sardinen),
Fischfilets (z. B. St. Peters-
fisch, Dorade) und Meeresfrüchte (z. B. Langustinos)
16 Silberzwiebeln
1 gelbe Zucchini
2 Paprikaschoten (rot, grün)
Saft von 2 Limonen
Salz, Pfeffer
1 Knoblauchzehe, gehackt
100 ml Olivenöl
3 Thymianzweige, gehackt
2 EL gehackte Petersilie

**1.** Die Fische und die Fischfilets waschen und trockentupfen. Die Filets je nach
Größe in Würfel von 2 bis
3 cm Dicke schneiden. Die
kleinen Fische und die
Meeresfrüchte ganz belassen.
**2.** Die Silberzwiebeln mit der
Schale in siedendem Wasser
etwa 2 Minuten blanchieren.
Mit kaltem Wasser abschrek-
ken und schälen.
**3.** Zucchini und Paprikaschoten in gleich große Würfel
schneiden.
**4.** Limonensaft, Salz, Pfeffer
und Knoblauch miteinander
verrühren. Das Olivenöl nach
und nach darunterrühren und
die Marinade mit dem Thy-
mian würzen.
**5.** Die kleinen Fische, die
Meeresfrüchte und die Fisch-

stücke sowie die Gemüsewürfel und die Zwiebeln in der
Marinade 2 bis 3 Stunden
ziehen lassen.
**6.** Die marinierten Stücke abwechselnd auf 4 große oder
8 kleine Metall- oder Holz-
spieße stecken.
**7.** Die Fischspieße in einer
Grillpfanne oder auf dem
Holzkohlengrill 4 bis 5 Minuten grillen. Einmal wenden
und mehrmals mit der Marinade bestreichen. Zuletzt mit
der Petersilie bestreuen. Bei
Tisch nach Geschmack mit
Salz und Pfeffer würzen.
Servieren Sie dazu einen gemischten Blattsalat und frisches Baguette.

## SEETEUFEL-KOTELETTS MIT WALNUSSPESTO

Zubereitungszeit: ca. 40 Min.
ca. 740 kcal pro Portion
61 g F/40 g E/9 g KH/
5 g BS/62 mg Chol

*Für 4 Portionen*

**Für das Walnußpesto**
2 Bund Basilikum
100 ml Olivenöl
Salz, Pfeffer
2 Knoblauchzehen
50 g Walnüsse, geröstet und
fein gerieben
(siehe Tip S. 39, bei Rezept
„Orangen-Fenchel-Salat")
50 g ger. Pecorino

**Für den Fisch**
8 Seeteufelkoteletts mit
Mittelgräte (à ca. 100 g)
1 rote Paprikaschote
1 gelbe Paprikaschote
1 Schalotte, in feine
Würfel geschnitten
3 EL Olivenöl
Salz, Pfeffer
80 g Walnüsse, grob gehackt

**1.** Die Basilikumblätter im
Mixer mit Olivenöl, Salz und
Pfeffer fein pürieren. Dann
den Knoblauch dazupressen
und die Walnüsse sowie den
Pecorino darunterrühren. Für
dieses Rezept 4 Eßlöffel Walnußpesto abnehmen.
**2.** Die Seeteufelkoteletts waschen und sorgfältig trockentupfen. Die Paprikaschoten
mit einem Sparschäler schälen, entkernen und dann in
kleine Würfel schneiden.
**3.** Die Schalottenwürfel im
heißen Olivenöl glasig dünsten. Die Fischkoteletts salzen und pfeffern und zu den
Schalotten geben. Auf jeder
Seite 2 bis 3 Minuten braten.
**4.** Die Paprikawürfel dazugeben und die Koteletts fast
fertig garen.
**5.** Kurz vor dem Servieren die
Walnüsse und das Walnußpesto in die Pfanne geben und
alles vorsichtig miteinander
vermengen.

### TIPS
■ *Den Rest des Walnußpestos
können Sie im Kühlschrank
8 bis 10 Tage aufbewahren.*
■ *Dazu paßt Weißweinrisotto
(Rezept S. 70).*

**Hauptgerichte  87**

## GEFÜLLTE KOHL-RABI MIT GARNELEN UND MUSCHELN

Zubereitungszeit: ca. 40 Min.
ca. 140 kcal pro Portion
9 g F/11 g E/4 g KH/
2 g BS/71 mg Chol

*Für 4 Portionen*
4 kleine junge
Kohlrabiknollen
Salz
300 g Champignons
1 Schalotte
40 g reine Pflanzenmargarine
Pfeffer
100 g ausgelöstes
Garnelenfleisch
100 g ausgelöstes
Muschelfleisch
2 EL Tomatenwürfel

1. Die großen Blätter von den Kohlrabi entfernen und in Streifen schneiden. Von den Knollen einen Deckel abschneiden. Dann die Knollen schälen und bis auf einen dünnen Rand aushöhlen.
2. Die ausgehöhlten Knollen und die Deckel in kochendem Salzwasser 5 bis 10 Minuten garen. Anschließend warm stellen.
3. Die Champignons schälen und vierteln. Die Schalotten würfeln und in der zerlassenen Margarine glasig dünsten. Die Champignons dazugeben und mitdünsten. Salzen und pfeffern.
4. Das Garnelen- und das Muschelfleisch zu den Pilzen geben und durchschwenken. Nachwürzen und die geschnittenen Kohlrabiblätter sowie die Tomatenwürfel daruntermengen. Die ausgehöhlten Kohlrabiknollen mit der Garnelen-Muschel-Mischung füllen und sofort servieren. (auf dem Foto: unten)

## GEGRILLTE SCAMPI MIT RICOTTARAVIOLI

Zubereitungszeit: ca. 1 Std.
ca. 730 kcal pro Portion
32 g F/43 g E/67 g KH/
6 g BS/247 mg Chol

*Für 4 Portionen*
**Für die Ravioli**
6 feste Tomaten
1 Schalotte
2 EL Olivenöl
1 Knoblauchzehe, gehackt
2 Thymianzweige
200 g Ricotta
1 EL Tomatenmark
Salz, Pfeffer
16 Lasagneplatten, gekocht und in Quadrate (8 x 8 cm) geschnitten
1 Eigelb
Mehl für die Arbeitsplatte

**Für die Vinaigrette**
2 EL Schalottenwürfel
4 EL Olivenöl
Saft von 1 Limone
1 EL Thymianblättchen
Salz, Pfeffer

**Für die Scampi**
16 mittelgroße Scampi mit Schale
1 EL Olivenöl
2 Thymianzweige
4 Knoblauchzehen
1 TL schwarze Pfefferkörner
Salz, Pfeffer

1. Die Tomaten über Kreuz einritzen, kurz überbrühen, abschrecken und enthäuten. Sie dann von den Stielansätzen befreien, halbieren, entkernen und in Würfel schneiden. Die Kerngehäuse sowie 200 g Tomatenwürfel für die Vinaigrette beiseite stellen.
2. Die Schalotte in kleine Würfel schneiden und im heißen Öl glasig dünsten.
3. Zunächst den Knoblauch, dann die Tomatenwürfel und die abgezupften Thymianblättchen dazugeben und alles vorsichtig miteinander mischen. Abkühlen lassen.
4. Den Ricotta durch ein Sieb streichen und mit dem Tomatenmark verrühren. Schalotten und Tomaten dazugeben. Salzen und pfeffern.
5. Die vorbereiteten Lasagneplatten mit dem verqirlten Eigelb bestreichen. In die Mitte jeder Platte portionsweise die Ricottafüllung geben. Die Teigplatten über Eck zusammenschlagen. Die Ränder mit bemehlten Fingern festdrücken und die Ravioli auf eine bemehlte Arbeitsfläche oder ein Blech legen.

**6.** Anschließend in reichlich kochendes Salzwasser geben und bei schwacher Hitze etwa 3 Minuten ziehen lassen. Herausnehmen und mit lauwarmem Wasser abschrecken.
**7.** Die Schalottenwürfel im heißen Öl glasig dünsten. Mit den Kerngehäusen der Tomaten sowie dem Limonensaft ablöschen. Alles im Mixer fein pürieren und durch ein Sieb in eine Pfanne mit hohem Rand streichen.
**8.** Die Tomatenwürfel, die Ravioli und den Thymian zur Vinaigrette geben und vorsichtig durchschwenken. Mit Salz und Pfeffer pikant abschmecken.
**9.** Die Scampi in einer großen Pfanne im Öl mit Thymianzweigen, Knoblauch und Pfefferkörnern oder auf dem Grill anbraten. Salzen und pfeffern, dann herausnehmen und schälen. Die Scampi nochmals würzen.
**10.** Die gegrillten Scampi in die Tomatenvinaigrette zu den Ravioli geben und sofort servieren.
(auf dem Foto: oben)

## GEDÜNSTETE HÄHNCHENBRUST MIT SELLERIE-GEMÜSE

Zubereitungszeit: ca. 80 Min.
ca. 380 kcal pro Portion
18 g F/34 g E/14 g KH/
5 g BS/101 mg Chol

*Für 4 Portionen*
4 ausgelöste Hähnchenbrüste
(insgesamt ca. 500 g)
4 EL Olivenöl
Salz, Pfeffer
50 g Zwiebeln, in Würfel
geschnitten
50 g Karotten, in Würfel
geschnitten
150 g Knollensellerie, in
Würfel geschnitten
½ Knoblauchzehe, gehackt
12 eingelegte Weinblätter
4 Thymianzweige
1 Rosmarinzweig
⅛ l griechischer Weißwein
⅛ l Geflügelbrühe
200 g griechischer Joghurt
(10 % Fett)
2 Birnen

**1.** Die Hähnchenbrüste in 3 Eßlöffeln heißem Olivenöl von beiden Seiten leicht anbraten. Aus der Pfanne nehmen, salzen und pfeffern.
**2.** Im gleichen Fett die Zwiebel-, Karotten- und Selleriewürfel glasig dünsten. Den Knoblauch dazugeben und ebenfalls glasig dünsten.
**3.** Die Weinblätter ausbreiten. Die Oberflächen mit 1 Eßlöffel Olivenöl bestreichen. Je 1 gewürzte Hähnchenbrust und ½ Thymianzweig auf 1 Weinblatt legen. Jedes Fleischstück mit je 2 weiteren Weinblättern wie ein Päckchen einwickeln.
**4.** Die gefüllten Weinblätter mit je 1 Rosmarin- und Thymianzweig zu dem angedünsteten Gemüse in die Pfanne geben. Den Wein und die Brühe angießen und alles mit Pfeffer würzen.
**5.** Die Hähnchenbrüste zugedeckt etwa 10 Minuten bei mittlerer Hitze garen. Sie dann aus der Pfanne nehmen, aus den Weinblättern auswikkeln und die Thymianzweige entfernen.
**6.** Das gegarte Gemüse auf ein Sieb gießen und den Dünstfond auffangen. Ihn im offenen Topf in 15 bis 20 Minuten auf etwa 50 ml einkochen. Dann abkühlen lassen.
**7.** Den abgekühlten Sud mit dem Joghurt verrühren. Die Joghurtsauce mit dem Gemüse vermengen.

**8.** Die Birnen in hauchdünne Scheiben hobeln. Diese auf 4 Tellern verteilen und darauf das Selleriegemüse geben. Die Hähnchenbrüste in Scheiben schneiden, nach Belieben salzen und pfeffern und auf dem Gemüse anrichten. Das Ganze mit Thymianblättchen garnieren.

### VARIATION

*Ganz erlesen wird dieses Gericht, wenn Sie statt der Hähnchenbrüste Perlhuhnbrüste verwenden.*

## POULARDEN-EINTOPF MIT PESTO

Zubereitungszeit: ca. 1 Std.
ca. 950 kcal pro Portion
73 g F/63 g E/11 g KH/
8 g BS/227 mg Chol

*Für 4 Portionen*
1 Poularde (1,2–1,5 kg)
300 g Möhren
200 g Lauch
1 Kohlrabi
6 Schalotten
2 l Gemüsebrühe
(Grundrezept S. 54 oder aus
Instantpulver hergestellt)
1 Kräutersträußchen (aus
2 Thymianzweigen,
1 Rosmarinzweig und
1 Bohnenkrautzweig)
1 Knoblauchzehe
2 Lorbeerblätter
Salz, Pfeffer

4 EL Pesto (Grundrezept
S. 83, „Sardinen mit Pesto-
füllung")

**1.** Die Poularde sorgfältig waschen und trockentupfen. Die
Keulen vom Rumpf trennen
und halbieren. Die Flügel abschneiden, die Brust auslösen
und diese in etwa 5 cm große
Stücke schneiden.
**2.** Das Gemüse waschen und
putzen. Die Schalotten schälen. Dann alles in etwa 5 cm
große Stücke schneiden. Die
Gemüsebrühe erhitzen und
die Poulardenstücke mit dem
Kräutersträußchen, der Knoblauchzehe und den Lorbeerblättern hineingeben.
**3.** Das Ganze einmal aufkochen und bei mittlerer Hitze
offen etwa 30 Minuten kö-

cheln lassen. Währenddessen
den entstehenden Schaum
abschöpfen.
**4.** Nach 20 Minuten Garzeit
das Gemüse hinzufügen. Vor
dem Servieren das Kräutersträußchen, die Knoblauchzehe und die Lorbeerblätter
entfernen.
**5.** Den Eintopf mit Salz und
Pfeffer abschmecken und mit
dem Pesto anrichten.

## WACHTELN AUF BALSAMICOLINSEN

Zubereitungszeit: ca. 1 Std.
Einweichzeit: ca. 8 Std.
ca. 600 kcal pro Portion
31 g F/39 g E/37 g KH/
8 g BS/53 mg Chol

*Für 4 Portionen*
200 g grüne Linsen,
eingeweicht
1 Knoblauchzehe, 1 Schalotte
60 g Speck, 2 EL Rapsöl
250 ml Balsamicoessig
125 ml Gemüsefond
1 EL Honig
200 g Staudensellerie, Salz
50 g rote Linsen
1 EL gehackter Thymian
1 EL gehackte Petersilie
4 Wachteln à 80–100 g
Pfeffer
2 EL Olivenöl

2 EL reine Pfanzenmargarine
2 Rosmarinzweige
2 Thymianzweige

**1.** Die grünen Linsen im Ein-
weichwasser etwa 10 Minuten
kochen. Abtropfen lassen.
Knoblauch, Schalotte sowie
Speck fein würfeln und im
heißen Rapsöl kurz anrösten.
**2.** Die Linsen dazugeben und
mit dem Essig ablöschen. Auf
die Hälfte einkochen. Gemüsefond und Honig dazuge-
ben. Die Flüssigkeit köcheln,
bis sie fast verkocht ist.
**3.** Den Sellerie in Ringe
schneiden und in siedendem
Salzwasser blanchieren. Herausheben und kalt überbrausen. Die roten Linsen in heißem Wasser 3–4 Minuten
quellen lassen. Abgießen,

überbrausen und mit den
grünen Linsen mischen.
**4.** Die Linsen salzen und mit
dem Thymian würzen. Etwa
10 Minuten ziehen lassen.
Den Backofen vorheizen auf
130 °C.
**5.** Die Wachteln waschen und
trockentupfen. Salzen und
pfeffern. Öl und Margarine
gemeinsam erhitzen und die
Wachteln darin anbraten.
**6.** Eine feuerfeste Form mit
den Kräuterzweigen auslegen.
Die Wachteln darauf setzen
und im Ofen etwa 15 Minu-
ten braten. Ab und zu mit
der Ölmischung übergießen.
Dann etwa 5 Minuten abge-
deckt ruhen lassen.
**7.** Zum Servieren die Brüste
und die Keulen tranchieren
und auf die Linsen setzen.

## GEBRATENE HÄHNCHENKEULEN IN KNOBLAUCHJUS

Zubereitungszeit: ca. 1 Std.
Marinierzeit: 6–8 Std.
ca. 570 kcal pro Portion
38 g F/44 g E/9 g KH/
1 g BS/162 mg Chol

*Für 4 Portionen*
**Für die Hähnchenkeulen**
4 Hähnchenkeulen
Salz, Pfeffer
1 Pr. Cayennepfeffer
2 Knoblauchzehen
5 EL Rapsöl
2 Thymianzweige
1 Rosmarinzweig

**Für den Knoblauchjus**
2 Zwiebeln
5 Knoblauchzehen
2 EL Rapsöl
100 ml Rotwein
400 ml Geflügelfond
(aus dem Glas)
2 Tomaten
1 EL Speisestärke, mit
etwas Wasser angerührt
Salz, Pfeffer
1 EL gehackte Petersilie

**1.** Die Hähnchenkeulen mit den Gewürzen von allen Seiten einreiben. Die Knoblauchzehen sehr fein zerdrücken und mit 3 Eßlöffeln Rapsöl mischen. Diese Marinade auf die Keulen geben. Das Geflügel zusammen mit den Kräuterzweigen 6 bis 8 Stunden zugedeckt im Kühlschrank marinieren.

**2.** Den Backofen vorheizen auf 180 °C. Die Keulen aus der Marinade nehmen und in dem restlichen Rapsöl anbraten. Dann im Ofen etwa 25 Minuten knusprig braten.
**3.** Inzwischen die Zwiebeln grob würfeln und die Knoblauchzehen halbieren. Die Zwiebeln im heißen Öl goldbraun anbraten, dann den Knoblauch dazugeben und kurz mitbraten.
**4.** Die Kräuterzweige aus der Marinade nehmen und diese zu den Zwiebeln geben. Mit Rotwein ablöschen und einkochen. Nun den Geflügelfond dazugießen und die Zwiebeln gar ziehen lassen.
**5.** Die Tomaten über Kreuz einritzen, kurz überbrühen, abschrecken und enthäuten. Sie dann von den Stielansätzen befreien, vierteln und entkernen.
**6.** Den Knoblauch-Zwiebel-Jus einmal aufkochen und eventuell mit etwas Stärke binden. Mit Salz und Pfeffer abschmecken.
**7.** Die Tomatenviertel und die gehackte Petersilie in die Sauce geben und zu den knusprigen Hähnchenkeulen dazu servieren.
(auf dem Foto: oben)

## GEFÜLLTE AUBERGINE MIT KANINCHENHACKFLEISCH

Zubereitungszeit: ca. 1 Std.
ca. 370 kcal pro Portion
28 g F/25 g E/6 g KH/
5 g BS/177 mg Chol

*Für 4 Portionen*
2 Auberginen à ca. 400 g
Saft von 1 Zitrone
300 g Kaninchenkeule
ohne Knochen
100 g Zwiebeln, in
Würfel geschnitten
4 EL Olivenöl
1 Knoblauchzehe
2 Eigelbe
Salz, Pfeffer
2 Tomaten
150 g Schafskäse
1 EL gehackte Petersilie

**1.** Die Auberginen der Länge nach halbieren. Das Fruchtfleisch einritzen ohne die Schale zu beschädigen. Die Schnittstellen mit etwas Zitronensaft beträufeln.
**2.** Das Fruchtfleisch mit einem Löffel herausschaben und kleinschneiden. Die Auberginenschiffchen auf ein Backblech setzen und ebenfalls mit etwas Zitronensaft beträufeln.
**3.** Das Kaninchenfleisch durch die feine Scheibe des Fleischwolfs drehen. Auberginenstückchen und Zwiebelwürfel im heißen Olivenöl kräftig anbraten.

**4.** Den Knoblauch dazupressen und das Hackfleisch daruntermengen. Die Masse 15 bis 20 Minuten abkühlen lassen. Dann mit den Eigelben verkneten, salzen und pfeffern.

**5.** Den Backofen vorheizen auf 180 °C. Die Tomaten über Kreuz einritzen, kurz überbrühen, abschrecken und enthäuten. Sie dann von den Stielansätzen befreien, vierteln, entkernen und nochmals halbieren. Den Schafskäse würfeln.

**6.** Die Hackfleischmasse mit der Petersilie mischen und in die Auberginenschiffchen füllen. Schafskäsewürfel und Tomatenstücke darauf verteilen. Im Ofen etwa 20 Minuten backen.
(auf dem Foto: unten)

### TIP

*Servieren Sie dazu blanchierte Gemüsestreifen, z. B. von Lauch, Sellerie und Möhren, die Sie zuvor leicht in Limonenöl geschwenkt haben.*

## CRÊPES MIT KANINCHENRÜCKEN UND AUBERGINEN- GEMÜSE

Zubereitungszeit: ca. 1 Std.
ca. 770 kcal pro Portion
56 g F/39 g E/28 g KH/
5 g BS/172 mg Chol

*Für 4 Portionen*

**Für den Teig**
100 g Mehl
1 Ei
240 ml Milch
3 EL Rapsöl oder reine
Pflanzenmargarine, zerlassen
Salz, Pfeffer

**Für das Fleisch**
2 ausgelöste Kaninchen-
rücken
2 EL Rapsöl
2 Thymianzweige
Salz, Pfeffer

**Für das Gemüse**
4 Tomaten
1 Aubergine (ca. 400 g)
100 g Zwiebeln, in
Würfel geschnitten
6 EL Olivenöl
2 Knoblauchzehen, gehackt
Saft von 1 Zitrone
Salz, Pfeffer
1 TL Majoranblättchen
200 ml Tomatensaft
50 g entsteinte schwarze
Oliven
2 EL Sonnenblumenkerne,
geröstet (siehe Tip S. 39)
1 EL geh. Petersilie

**1.** Mehl, Ei, Milch, das Öl oder die Margarine und die Gewürze zu einem glatten Teig verrühren. Etwa 15 Minuten quellen lassen.
**2.** In einer beschichteten Pfanne ohne Fettzugabe nacheinander aus dem Teig 8 hauchdünne, goldgelbe Crêpes backen. Bis zur Weiterverwendung warm halten.
**3.** Den Backofen vorheizen auf 130 °C. Den Kaninchenrücken sorgfältig von eventuell vorhandenen Häuten und Sehnen befreien. Im heißen Rapsöl mit den Thymianzweigen rundherum anbraten. Dann das Fleisch salzen und pfeffern.
**4.** Das Fleischstück auf ein mit Alufolie ausgelegtes Backblech legen und im Ofen in 6 bis 8 Minuten garen.
**5.** Inzwischen die Tomaten über Kreuz einritzen, kurz überbrühen, abschrecken und enthäuten. Sie dann von den Stielansätzen befreien, vierteln und entkernen.
**6.** Die Aubergine zunächst in Scheiben und Streifen, dann in Würfel schneiden.
**7.** Die Zwiebelwürfel im heißen Olivenöl anbraten. Dann die Auberginenwürfel und den Knoblauch dazugeben und leicht bräunen. Das Gemüse mit dem Zitronensaft ablöschen, mit Salz, Pfeffer und Majoran würzen.

**8.** Die Tomatenstücke dazugeben und den Tomatensaft angießen. Das Ganze etwa 10 Minuten bei schwacher Hitze offen schmoren.
**9.** Die Oliven vierteln und zusammen mit den Sonnenblumenkernen zum Gemüse geben. Die Petersilie daruntermischen und alles mit Salz und Pfeffer nachwürzen.
**10.** Den gebratenen Kaninchenrücken in mundgerechte Stücke schneiden und mit dem Gemüse vermengen. Die Füllung in die warmen Crêpes geben und das Gericht sofort servieren.

### VARIATION
*Verfeinern Sie den Crêpeteig einmal mit 50 g feingeschnittener Rauke oder Brunnenkresse.*

## GEGRILLTE RINDER-FILETSCHEIBEN MIT TOMATEN-RUCOLA-KOMPOTT

Zubereitungszeit: ca. 40 Min.
Marinierzeit: ca. 1 Std.
ca. 550 kcal pro Portion
35 g F/42 g E/4 g KH/
1 g BS/130 mg Chol

*Für 4 Portionen*
12 Scheiben Rinderfilet
à ca. 60 g (Filetkopf)
grobes Salz
Pfeffer
4 Thymianzweige
100 ml Olivenöl
4 Fleischtomaten
1 Bund Rucola
3 Knoblauchzehen
Salz
3 EL Balsamicoessig

1 EL Sonnenblumenkerne,
geröstet (siehe Tip S. 39)
20 g Parmesan am Stück

**1.** Die Filetscheiben leicht
flachklopfen und mit grobem
Salz und Pfeffer würzen. Zusammen mit den Thymian-
zweigen im Olivenöl etwa
1 Stunde marinieren.
**2.** Die Tomaten enthäuten,
vierteln, entkernen und würfeln. Die Rucola kleinschneiden und mit den Tomaten-
vierteln mischen. Die Knoblauchzehen halbieren.
**3.** Die Fleischstücke aus der
Marinade nehmen. Mit den
Knoblauchzehen auf dem
Grill von beiden Seiten anbraten. Das Fleisch sollte innen noch rosa sein.

**4.** Das Öl der Marinade unter
das Tomaten-Rucola-Kompott
mischen. Salzen, pfeffern
und mit Balsamicoessig abschmecken. Auf 4 Tellern anrichten.
**5.** Die gegrillten Filets hori-
zontal halbieren und je 3 auf-
geschnittene Scheiben mit
der rosa Innenseite nach
oben auf das Kompott legen.
Das Fleisch nochmals mit
Salz und Pfeffer bestreuen.
**6.** Zum Schluß das Ganze mit
Sonnenblumenkernen be-
streuen und den Parmesan
darüberhobeln.

## GEFÜLLTE KALBS-SCHNITZELCHEN

Zubereitungszeit: ca. 45 Min.
ca. 390 kcal pro Portion
27 g F / 29 g E / 7 g KH /
5 g BS / 88 mg Chol

*Für 4 Portionen*
150 g Knollensellerie
150 g Möhren, 150 g Lauch
4 Frühlingszwiebeln
8–12 kleine Kalbsschnitzel
à 40–50 g
Salz, Pfeffer
4 EL Balsamicoessig
12 Salbeiblätter
8 EL Rapsöl
1 Schalotte, gewürfelt
2 EL Salbeiessig
100 ml Gemüsebrühe
(Grundrezept S. 54 oder aus
Instantpulver hergestellt)

2 Tomaten
1 EL Petersilie, in Streifen
geschnitten

1. Das Gemüse putzen und in
dünne Streifen schneiden.
Diese blanchieren, dann mit
kaltem Wasser abschrecken
und gründlich abtropfen lassen. Von den Frühlingszwiebeln nur die weißen Ab-
schnitte in Ringe schneiden.
Das Grün nicht verwenden.
2. Die Kalbsschnitzelchen
zwischen 2 Lagen Klarsichtfolie flachklopfen. Dann salzen
und pfeffern und mit 2 Eßlöffeln Balsamicoessig bepinseln.
3. Die Gemüsestreifchen portionsweise auf die Schnitzel
legen. Diese aufrollen, mit je

1 Salbeiblatt umwickeln und
mit einem Holzzahnstocher
fixieren.
4. Die Schnitzel in 4 Eßlöffeln heißem Rapsöl braten.
Die Schalottenwürfel dazugeben und glasig dünsten. Die
Schnitzel aus der Pfanne nehmen und warm stellen.
5. Die Schalotten mit dem
restlichen Balsamicoessig und
dem Salbeiessig ablöschen
und einkochen. Mit der Brühe auffüllen. Die Frühlingszwiebelringe dazugeben. Mit
Salz und Pfeffer abschmecken
und 4 Eßlöffel Rapsöl daruntermischen.
6. Nun die Fleischröllchen in
der Sauce kurz ziehen lassen.
Tomatenwürfel und die Petersilie dazugeben.

# GEGRILLTE LAMM-KOTELETTS MIT GEMÜSESAUCE

Zubereitungszeit: ca. 1 Std.
Marinierzeit: ca. 8 Std.
ca. 910 kcal pro Portion
81 g F/39 g E/7 g KH/
3 g BS/139 mg Chol

*Für 4 Portionen*
**Für das Fleisch**
3 Knoblauchzehen, gehackt
4 Thymianzweige
2 Rosmarinzweige
200 ml Olivenöl
16 einfache Lammkoteletts
à ca. 50 g
Salz, Pfeffer

**Für die Gemüsesauce**
2 Zwiebeln
100 g Möhren
50 g rote Paprikaschote
50 g gelbe Paprikaschote
100 g grüne Zucchini
100 ml Lammfond
(aus dem Glas)
200 ml Tomatensaft
1 Tomate
1 Knoblauchzehe
Salz, Pfeffer
1 EL Thymianblättchen
1 EL Balsamicoessig

**1.** Die gehackten Knoblauchzehen mit den Kräuterzweigen und dem Olivenöl zu einer Marinade verrühren. Die Lammkoteletts darin einlegen und über Nacht marinieren.
**2.** Die Zwiebeln und das Gemüse in gleich große Würfel schneiden. Zunächst die Zwiebelwürfel in 5 Eßlöffeln Marinade glasig dünsten. Die restlichen Gemüsewürfel nach und nach dazugeben und kurz anrösten.
**3.** Das Gemüse mit dem Lammfond und dem Tomatensaft ablöschen. Bei mittlerer Hitze offen auf die Hälfte einkochen.
**4.** Die Tomaten über Kreuz einritzen, kurz überbrühen, abschrecken und enthäuten. Sie dann von den Stielansätzen befreien, halbieren, entkernen und kleinwürfeln.
**5.** Den Knoblauch fein zerdrücken und zusammen mit Salz und Pfeffer zum Gemüse geben. Dann das Ganze noch einmal aufkochen und mit Thymian und Balsamicoessig abschmecken. Zum Schluß die Tomatenwürfelchen in der Sauce erwärmen.
**6.** Die Lammkoteletts aus der Marinade nehmen und in einer heißen Grillpfanne mit den Kräuterzweigen von beiden Seiten braten. Alle Koteletts auf einer großen Platte anrichten und mit Salz und grob gemahlenem Pfeffer aus der Mühle würzen.

■ *Servieren Sie dazu gebackene Knoblauchknollen und geröstetes Weißbrot.*
■ *Für den gebackenen Knoblauch benötigen Sie 2 ganze Knoblauchknollen und etwa 200 g Meersalz. Ein Backblech mit dem Salz bestreuen und die Knollen im vorgeheizten Ofen bei 130°C bis 150°C in 60 bis 90 Minuten backen. Danach etwas auskühlen lassen und die weichen Zehen aus der Schale pressen.*
■ *Gut schmeckt auch ein Knoblauchjoghurt zu den Lammkoteletts. Verrühren Sie dafür 200 g griechischen Joghurt mit ½ feingehackten Knoblauchzehe 1 Eßlöffel Schnittlauchröllchen und ½ kleingewürfelte Paprikaschote. Würzen Sie den Dip dann mit etwas Salz und Pfeffer pikant ab.*

# SÜSSSPEISEN

## CRÊPES MIT WALDERDBEEREN

Zubereitungszeit: ca. 40 Min.
Quellzeit: ca. 20 Min.
Marinierzeit: ca. 20 Min.
ca. 300 kcal pro Portion
15 g F/8 g E/31 g KH/
3 g BS/123 mg Chol

*Für 4 Portionen*
**Für die Crêpes**
2 EL Rapsöl oder
20 g flüssige, reine Pflanzenmargarine
125 ml Milch
50 g Mehl
2 Eier
1 Pr. Salz
Schale von 1 unbehandelten
Orange, fein gehackt

**Für den Erdbeersalat**
600 g Walderdbeeren
Saft von 1 Orange
50 g Akazienhonig
Anis aus der Mühle

**1.** Das Rapsöl oder die Margarine und die Milch mit dem Schneebesen kräftig verrühren. Das Mehl hineinsieben und alles sorgfältig miteinander mischen.
**2.** Die Eier verquirlen und mit dem Salz und der gehackten Orangenschale dazugeben.
**3.** Alle Zutaten zu einem glatten Teig verrühren. Anschließend zugedeckt bei Zimmertemperatur etwa 20 Minuten quellen lassen.
**4.** Die Erdbeeren in eine Schüssel geben. Den Orangensaft im offenen Topf auf etwa die Hälfte einkochen.
**5.** Den Honig mit dem Anis verrühren und leicht erwärmen. Den eingekochten Orangensaft darunterrühren. Die Marinade mit den Walderdbeeren vermengen und das Ganze etwa 20 Minuten bei Zimmertemperatur durchziehen lassen.
**6.** Aus dem Teig in einer beschichteten Pfanne ohne Fettzugabe nacheinander 4 hauchdünne Crêpes backen. Fertiggebackene Crêpes übereinanderstapeln und zugedeckt warm halten.
**7.** Die Crêpes mit den marinierten Walderdbeeren füllen und sofort servieren.

## TIPS
■ *Dazu können Sie auch noch ein Erdbeersorbet oder eine Kugel Erdbeereis servieren. Gut schmeckt auch ein Beeren- oder Pfirsichkompott als Beilage.*
■ *Da der Crêpeteig etwas Fett enthält, benötigen Sie zum Backen kein weiteres Bratfett. Wichtig ist nur, daß Sie eine gute, beschichtete Pfanne verwenden, damit die Crêpes nicht anhängen können.*

## JOGHURTTERRINE MIT LIMONEN UND MINZE

Zubereitungszeit: ca. 45 Min.
Kühlzeit: 4–5 Std.
ca. 260 kcal pro Portion
14 g F/7 g E/23 g KH/
0 g BS/43 mg Chol

*Für 4 Portionen*
200 g Joghurt
50 g Schmand
Schale und Saft
von 2 Limonen
4 Blatt Gelatine
50 g Honig
2 cl Grappa
10 Minzeblättchen
125 g Schlagsahne
2 EL Puderzucker
1 Pr. Salz

**1.** Den Joghurt mit dem Schmand glattrühren. Die Limonenschale sehr fein hakken. Die Gelatine in reichlich kaltem Wasser einweichen.
**2.** Limonensaft und Honig in einem kleinen Topf leicht erwärmen. Dann vom Herd nehmen und die Limonenschale sowie die Joghurt-Schmand-Mischung darunterrühren.
**3.** Den Grappa vorsichtig erwärmen und darin die ausgedrückte Gelatine auflösen. Von der Joghurtmischung 5 Eßlöffel mit der Gelatine verrühren. Diese Masse dann schnell unter den restlichen Joghurt rühren.
**4.** Eine längliche Form mit Klarsichtfolie auslegen. Die Minzeblättchen in feine Strei-

fen schneiden. Die Schlagsahne etwas anschlagen. Puderzucker und Salz dazugeben und weiter cremig schlagen.
**5.** Die Sahne sowie die Minzestreifen unter die Joghurtmasse heben und das Ganze in die Form füllen. Für 4 bis 5 Stunden kühl stellen, dann stürzen und in Scheiben schneiden.

### TIP
*Servieren Sie dazu kleine Melonenkugeln, die Sie zuvor in Honig und etwas Limonensaft eingelegt haben.*

## RICOTTACREME MIT NEKTARINEN-ERDBEER-SALAT

Zubereitungszeit: ca. 45 Min.
Kühlzeit: ca. 3 Std.
ca. 340 kcal pro Portion
19 g F/11 g E/28 g KH/
2 g BS/66 mg Chol

*Für 4 Portionen*
**Für die Ricottacreme**
250 g Ricotta
3 Blatt Gelatine
Schale und Saft von 1 Orange
50 g Orangenblütenhonig
3 EL Milch
125 g Schlagsahne
1 Pr. Salz

**Für den Nektarinen-Erdbeer-Salat**
2 Nektarinen
150 g Erdbeeren
1 EL Puderzucker
1 EL Maraschino
1 Minzezweig

**1.** Den Ricotta durch ein feinmaschiges Sieb in eine Schüssel streichen. Die Gelatine in reichlich kaltem Wasser einweichen. Die Orangenschale fein hacken.
**2.** Zunächst Orangenschale und -saft, dann den Honig unter den Ricotta rühren.
**3.** Die Milch vorsichtig erwärmen und darin die gut ausgedrückte Gelatine auflösen. Die Milch anschließend sorgfältig unter die Ricottamasse rühren.
**4.** Die Schlagsahne mit dem Salz cremig schlagen und vorsichtig unter die Ricottamasse ziehen.

**5.** Mit kaltem Wasser 4 kleine Förmchen ausspülen und die Ricottamasse hineingeben. Etwa 3 Stunden im Kühlschrank gelieren lassen.
**6.** Die Nektarinen in dünne Spalten schneiden. Die Erdbeeren vierteln.
**7.** Die Hälfte der Erdbeeren mit dem Puderzucker durch ein feinmaschiges Sieb in eine Schüssel streichen.
**8.** Die restlichen Erdbeeren mit dem Maraschino mischen und mit dem Erdbeermark vermengen. Die Nektarinenspalten dazugeben.
**9.** Die Ricottacreme aus den Förmchen lösen und mit dem Fruchtsalat auf 4 großen Tellern anrichten. Die Desserts mit Minzeblättchen garniert servieren.

## ZITRUSFRÜCHTE-SALAT

Zubereitungszeit: ca. 30 Min.
ca. 120 kcal pro Portion
0 g F/1 g E/24 g KH/
3 g BS/0 mg Chol

*Für 4 Portionen*
2 Orangen, 1 Blutorange
1 Grapefruit
1 rosa Grapefruit
1 Vanilleschote, 1 Sternanis
5 grüne Pfefferkörner
2 EL Honig
1 TL Speisestärke
½ Granatapfel

**1.** Die Zitrusfrüchte schälen und die Filets mit einem scharfen Messer fein säuberlich aus den Trennhäuten herausschneiden. Die Häutchen zusammendrücken und den dabei abtropfenden Saft auffangen.
**2.** Den Saft in einem offenen Topf mit der ausgekratzten Vanilleschote, dem Sternanis, den Pfefferkörnern und dem Honig aufkochen und auf etwa die Hälfte einkochen.
**3.** Den Sud mit der Speisestärke binden und durch ein feinmaschiges Sieb auf die Zitrusfrüchtefilets gießen.
**4.** Die Granatapfelkerne mit einem spitzen Messer aus der Frucht lösen und auf Küchenkrepp abtropfen lassen. Die Kerne vorsichtig mit den Zitrusfruchtfilets vermengen. Den Salat kühl servieren.
(auf dem Foto)

## SORBETS VON LIMONEN UND BLUTORANGEN

Zubereitungszeit: ca. 30 Min.
Gefrierzeit: jeweils 20–30 Min.
ca. 380 kcal pro Portion
2 g F/3 g E/77 g KH/
0 g BS/0 mg Chol

*Für 4 Portionen*
**Für das Limonensorbet**
200 ml Wasser
100 g Zucker
10 Limonen
1 Eiweiß
2 EL Honig

**Für das Blutorangensorbet**
60 ml Wasser
60 g Zucker
5 Blutorangen
4 cl Cointreau
1 Minzezweig

**1.** Für das Limonensorbet zunächst den Läuterzucker herstellen. Dazu das Wasser mit dem Zucker aufkochen und etwa 1 Minute köcheln lassen.
**2.** Die Limonen halbieren, auspressen und den Saft durch ein feinmaschiges Sieb in eine Schüssel geben.
**3.** Das Eiweiß mit dem Honig leicht cremig schlagen. Dann mit dem Limonensaft und dem Läuterzucker verrühren. Die Masse in eine Sorbetière füllen und 20 bis 30 Minuten gefrieren lassen, bis das Sorbet eine zart-schmelzende Konsistenz hat.

**4.** Für das Blutorangensorbet zunächst den Läuterzucker herstellen. Dazu das Wasser mit dem Zucker aufkochen und etwa 1 Minute köcheln lassen. 1 Blutorange schälen. Die Schale ohne die weiße Haut sehr fein hacken.
**5.** Alle Blutorangen halbieren und auspressen. Den Saft durch ein feinmaschiges Sieb in eine Schüssel geben und mit dem Läuterzucker sowie dem Cointreau mischen. Die Minzeblättchen vom Zweig zupfen und in feine Streifen schneiden.
**6.** Die Masse in eine Sorbetière füllen und in 20 bis 30 Minuten gefrieren lassen. Nach der Hälfte der Gefrierzeit die gehackte Blutorangenschale sowie die Minzestreifen in das halbgefrorene Sorbet streuen und fertig gefrieren lassen.
**7.** Zum Servieren der beiden Sorbets mit einem Eisportionierer Kugeln ausstechen.
(auf dem Foto)

### TIP
*Die Sorbets passen sehr gut zu einem Fruchtsalat. Reichen Sie sie doch einmal zum Zitrusfrüchtesalat auf dieser Seite.*

## Maisgriess-Flammeri mit Beerenobst

Zubereitungszeit: ca. 1 Std.
Kühlzeit: ca. 4 Std.
ca. 330 kcal pro Portion
13 g F/9 g E/43 g KH/
3 g BS/90 mg Chol

*Für 4 Portionen*

**Für den Flammeri**
250 ml Milch
50 g Honig
Schale von 1 Zitrone,
fein gehackt
40 g Maisgrieß
2 Blatt Gelatine
1 Eigelb
125 g Schlagsahne
1 Eiweiß
1 Pr. Salz

**Für das Beerenobst**
100 ml Johannisbeersaft
(Cassis)
Saft von 1 Zitrone
50 g Honig
1 Vanilleschote
1 Zimtstange
1 EL Speisestärke
200 g gemischtes Beeren-
obst (z. B. Himbeeren,
Brombeeren, Heidelbeeren,
Erdbeeren)
einige Minze- oder
Melisseblättchen

**1.** Die Milch mit dem Honig und der gehackten Zitronen-schale in einem Topf auf-kochen.

**2.** Den Maisgrieß hineinrie-seln lassen und mit der Milch verrühren. Auf der ausge-schalteten Herdplatte im offe-nen Topf etwa 20 Minuten quellen lassen.

**3.** Die Gelatine in reichlich kaltem Wasser einweichen. Dann unter die warme Grieß-masse rühren und darin auf-lösen. Das Eigelb ebenfalls in die Grießmasse einrühren.

**4.** In 2 Schüsseln die Schlag-sahne und das Eiweiß mit dem Salz separat cremig schlagen. Zunächst je etwa 1 Drittel in die abgekühlte Grießmasse einrühren, dann den Rest vorsichtig darunter-heben.

**5.** Mit kaltem Wasser 4 kleine Förmchen ausspülen und die Grießmasse hineingeben. Für etwa 4 Stunden in den Kühl-schrank stellen.

**6.** In einem kleinen Topf den Johannisbeer- und den Zitro-nensaft mit dem Honig er-wärmen. Die ausgekratzte Vanilleschote und die Zimt-stange etwa 30 Minuten darin ziehen lassen.

**7.** Die Speisestärke mit 1 Eß-löffel kaltem Wasser anrüh-ren. Den Topfinhalt einmal aufkochen und mit der ange-rührten Speisestärke binden. Die Sauce durch ein Sieb in eine Schüssel geben.

**8.** Das Obst je nach Größe eventuell halbieren oder vier-teln und zur Fruchtsauce ge-ben. Alles vorsichtig mitein-ander vermengen.

**9.** Den Flammeri aus den Förmchen stürzen und mit dem Beerenobst auf 4 großen Tellern anrichten. Die Des-serts mit Minze- oder Melis-seblättchen garnieren.

### Variation

*Verfeinern Sie den Flammeri doch einmal mit dem Mark von 1 Vanilleschote oder mit 1 EL feingeschnittener Pfeffer-minze bzw. Zitronenmelisse.*

# REGISTER

# REZEPTVERZEICHNIS

Im FALKEN Verlag sind zahlreiche Titel zum Thema „Ernährung und Gesundheit" erschienen. Sie erhalten sie überall dort, wo es Bücher gibt.

Sie finden uns im Internet: www.falken.de

Der Verlag dankt der Firma Merck KGaA, Darmstadt, für die freundliche Unterstützung.

Dieses Buch wurde auf chlorfrei gebleichtem und säurefreiem Papier gedruckt.

ISBN 3 8068 2194 1

**Umschlaggestaltung:** Peter Udo Pinzer
**Redaktion:** Astrid Waller
**Redaktion der Nachauflage:** Birgit Wenderoth
**Foodstyling und fachliche Beratung:** Holger Jacobs
**Bildbeschaffung:** Dr. Ruth Leners
**Umschlagfotos:** vorne: **ZEFA (Rossenbach),** Düsseldorf (Landschaftsbild), **TLC-Foto-Studio GmbH,** Velen-Ramsdorf (Gerichtfoto); hinten: **Fotoatelier Luhn,** Bad Kreuznach
**Rezeptfotos:** TLC-Foto-Studio GmbH, Velen-Ramsdorf
**Weitere Fotos im Innenteil: Bildagentur Huber,** Garmisch-Partenkirchen: S. 2 und S. 16 (Simeone) und S. 20 (Stadler); **Informationsgemeinschaft Olivenöl,** München: S. 25; **Reinhard Tierfoto,** Heiligkreuzsteinach: S. 11 und S. 27; **Silvestris Fotoservice,** Kastl/Obb.: S. 13 und S. 31 (Schwirtz); alle übrigen Fotos: **FALKEN Archiv**
**Zeichnungen: Informationsgemeinschaft Olivenöl,** München: S. 24; **G. Scholz,** Dornburg: S. 14

**Satz:** Grunewald GmbH, Kassel
**Druck:** Appl, Wemding

817 2635 4453